tredition
www.tredition.de

D1734857

Hakuna matata…

Fabian Hanker & Lutz Kullrich-Baumann

HaKuBa to Africa

Dust and Diesel-Rallye 2016

Umschlag, Illustration: Fabian Hanker
Lektorat, Korrektorat: Merle Hanker
Fotos: Lutz Kullrich-Baumann, Fabian Hanker

Verlag und Druck: tredition GmbH,
Halenreie 42, 22359 Hamburg

Paperback	ISBN	978-3-7439-5792-3
Hardcover	ISBN	978-3-7439-5793-0
e-Book	ISBN	978-3-7439-5794-7

Druck in Deutschland und weiteren Ländern

Inhaltsverzeichnis

Kapitel 1 - Prolog

Unsere Reise nach Africa mit der „Dust and Diesel“ Rallye... Wie kam es eigentlich dazu? Es ist nun schon fast 4 Jahre her, als mir ein Geschäftspartner davon erzählte und meinte: „Herr Hanker, das wäre doch bestimmt etwas für Sie". Ich war sofort Feuer und Flamme für diese Idee, was ich natürlich bei diesem Firmen-Workshop nicht zeigen konnte. Aber noch am gleichen Abend begann ich mich über das Thema zu informieren. Ich las jedes Wort der Internetseite www.dust-and-diesel.com des Organisators Florian Schmidt aus Würzburg. Ich erfuhr, dass auch eine andere Rallye einen ähnlichen Zweck verfolgt, Autos für den guten Zweck bis nach Schwarzafrika zu überführen. Am Ende entschieden wir uns für die „Dust and Diesel“ und haben es nicht bereut.

Von Wolfenbüttel nach Nouakchott in Mauretanien - 7.000 km in einem alten Gebrauchtwagen - das ist die Rallye „Dust and Diesel“, an der wir Ende 2016 teilnehmen möchten. Sie ist keine Motorsportveranstaltung im herkömmlichen Sinn.

Sinn und Zweck dieser Rallye Humanitaire ist es, Waisenkinder in Mauretanien zu unterstützen.

Seit 2006 startet die Rallye zweimal jährlich mit etwa 25 Autos in Tarifa in Südspanien. Die Anreise von 2.900 km von Deutschland, entlang der französischen Mittelmeerküste und quer durch Spanien organisiert jedes Team selbst. Nach der ersten gemeinsamen Nacht in Tarifa wird der Rallyetross mit der Fähre nach Tanger in Marokko übersetzen. 4.000 km geht es in Afrika über anfangs befestigte Straßen, Schotterpisten und durch die Sahara. Silvester werden wir in Marrakech verbringen.

Durch Mauretanien fahren wir teils abseits der Straßen und entlang der Atlantikküste. Manche Etappen werden direkt am Strand zurückgelegt. Das Ziel ist Nouakchott, die Hauptstadt Mauretaniens - dort werden die Autos verkauft und mit dem Verkaufserlös und Spenden ein Waisenhausprojekt der AEPN Mauretanienhilfe e.V. unterstützt."

Diesen Text haben wir auf unserer eigenen Internetseite für das Projekt www.hakubatoafrica.wordpress.com veröffentlicht, um zu erklären, worum es eigentlich geht.

Wir? Teilnahme Ende 2016? Internetseite?

Aber halt, eins nach dem anderen. Ich war also mit der Idee einige Zeit schwanger. Schnell war klar, dass es jemanden braucht, der mitzieht und mitzahlt. Und auch noch fast 4 Wochen Urlaub für dieses Abenteuer investieren will und kann. Und dann war da ja noch meine Familie, der es kaum zuzumuten war, einfach einen Egotrip zu machen. Dann erwischte mich auch noch eine langwierige Augenerkrankung. Als ich nach insgesamt 3 Netzhautoperationen und einigen Monaten Wiedereingliederung endlich wieder einigermaßen am Berufsleben teilnehmen konnte, stolperte ich über ein Zitat:

"Vielleicht beginnt

Dein Leben erst dann wirklich,

wenn Du gegen den Strom schwimmst,

wenn Du den Mut findest, einen Traum zu

verwirklichen, wenn Du im Leben etwas

riskierst, wenn Du etwas tust, obwohl

anscheinend alles dagegen

spricht, außer diese

Stimme in Dir,

die sagt:

„Mach es trotzdem..."

Und so entstand bei mir der Wille, die Teilnahme an der „Dust and Diesel"-Rallye in die Tat umzusetzen. Es ist ja nicht das erste Mal, dass ich eine Tour plane, dachte ich mir. Pauschalurlaub war noch nie mein Ding und so wurden im Laufe der Jahre eigentlich alle Urlaube mit meiner Frau, später mit der ganzen Familie, selbst geplant. Dann kam Geocaching für einige Jahre als Hobby dazu. Ich lernte Lutz kennen und wir fanden Spaß am Klettern. Nach 2 Knieoperationen entdeckte ich Mehrtageswanderungen für mich als Idee, um fit zu bleiben und interessante Landschaften intensiver zu erleben. Erst in Deutschland, aber dann auch gemeinsam mit Freunden in Lappland, Norwegen, der Hohen Tatra in der Slovakei, Island und den Karpaten in Rumänien.

Aber zurück zu „Dust and Diesel".

Ich sprach mit einigen Freunden und Bekannten, um einen Partner für die Tour zu begeistern. Alle fanden das Projekt interessant und spannend, aber zu einem „ok, wir machen das gemeinsam" konnte sich keiner durchringen. Beim zweiten Anlauf, meinen langjährigen Freund Lutz zu ködern, sagte er schließlich zu.

Lutz und ich kennen uns seit über 10 Jahren und haben alle Trekkingtouren gemeinsam absolviert. Obwohl wir so unterschiedlich sind, haben wir ein gegenseitiges Vertrauen, das darauf basiert, dass wir uns aufeinander verlassen können. Gewachsen ist dieses Vertrauen nicht zuletzt in den Zeiten, in denen wir uns mit technischem Klettern und Abseilen und Touren bei schlechtem Wetter auseinandergesetzt haben. Nur das Schnarchproblem haben wir noch nicht zufriedenstellend gelöst. Wer zuerst einschläft, hat halt gewonnen...

Wir waren beide bisher noch nie in Afrika. Der Reiz einer Reise mit „Dust and Diesel" liegt für uns nicht nur darin, fremde Länder und die Menschen, die dort leben, kennen zu lernen und mit einer vergleichsweise langen, abenteuerlichen Autofahrt ein Projekt für den guten Zweck zu unterstützen. Sondern auch darin, diese Tour mit Fotos und Videos zu dokumentieren. Und angesichts der zu erwartenden Vielzahl interessanter Motive und Situationen war Lutz als ambitionierter Videofilmer schließlich auch von dem Projekt überzeugt. Lutz einzige Bedingung war, dass für ihn ausschließlich die Rallye im Dezember/Januar terminlich darstellbar ist. Also gaben wir uns die Hand und vereinbarten einen Start bei der „Dust and Diesel"-Rallye Dezember 2016. Oha, noch über ein Jahr... Einen so langen Planungshorizont hatte ich noch nie. Was in dieser langen Zeit alles dazwischen kommen kann... Egal, abgemacht ist abgemacht.

Erst jetzt wurde die beste Ehefrau von allen über unser Vorhaben informiert und einiges an Überzeugungsarbeit versucht. Ich rede halt nicht gern über ungelegte Eier... Leider konnte ich nicht alle Bedenken zerstreuen, doch letztlich stand sie zu mir. Das Argument, dass schließlich wegen der überstandenen Augenerkrankung noch 15 Tage Resturlaub zu Buche stehen, half da etwas. Mit dem Vorschlag, diesen Resturlaub komplett im Januar zu nehmen, konnte auch mein Arbeitgeber von 4 Wochen Abwesenheit überzeugt werden.

Und so nahm das Projekt langsam Fahrt auf. Wir meldeten uns frühzeitig beim Organisator Florian Schmidt an, um sicher zu gehen, für die Teilnahme an der Dezemberrallye 2016 auch berücksichtigt zu werden. Schließlich ist die Teilnahme auf 30 Fahrzeuge begrenzt und die Dezemberrallye deutlich stärker nachgefragt als der zweite Termin, der mit einer etwas anderen Streckenführung im Mai jeden Jahres stattfindet.

Unsere Arbeitsteilung für dieses Vorhaben war wie bei allen gemeinsamen Touren klar. Ich übernehme die vollständige Planung und Vorbereitung und Lutz kümmert sich um die filmische Begleitung und Dokumentation. Anstehende Entscheidungen treffen wir gemeinsam. Neu war, dass auch ein Fahrzeug besorgt und vorbereitet werden musste und dass wir beide der Meinung waren, unser Projekt öffentlich zu machen. Das bereitete mir schon etwas Bauchschmerzen, da ich auch in Zeiten von Facebook und YouTube nicht unbedingt über meine Freizeitaktivitäten berichten möchte. Aber der Charity-Gedanke der „Dust and Diesel"-Rallye und die ausdrückliche Empfehlung des Organisators, Sponsoren zu suchen und vielleicht sogar zusätzliche Spenden einzuwerben, überzeugte mich.

Also war klar, wir brauchen eine Internetseite. Nach einigen zögerlichen Versuchen, eine Homepage zu kreieren, suchte ich professionelle Hilfe, da ich nicht die Zeit fand, mich auch noch in diese Thematik einzuarbeiten. Und fand sie auch recht schnell in Person unseres langjährigen Freundes Jörg Thamer in Limburg. Jörg betreibt mittlerweile 4 Internet-Blogs im Themenbereich Outdoor und Autos und fand unser Projekt so interessant, dass er spontan bereit war, uns unentgeltlich zu unterstützen.

www.hakubatoafrica.wordpress.com war geboren...

Die Formulierung der Inhalte kam von mir und die optisch ansprechende Umsetzung übernahm Jörg Thamer für uns. Vielen Dank dafür und schaut Euch doch mal www.jörgthamer.de an.

"Herzlich Willkommen auf der Webseite des Teams HaKuBa!

Der Teamname aus den Anfangsbuchstaben unserer Namen lehnt sich an das afrikanische Sprichwort „Hakuna Matata" an. Frei übersetzt gibt es danach keine Probleme und jede Aufgabe hat eine Lösung.

Das ist unser Wahlspruch, denn wir helfen, weil es uns möglich ist. Wenn Sie mehr über das Hilfsprojekt und die Rallye Humanitaire erfahren möchten, finden Sie weitere Informationen unter: **www.aepn.de**
www.dust-and-diesel.com

Wir können dafür garantieren, dass Ihre Spenden zu 100% vor Ort ankommen (wir fahren sie schließlich selbst dahin).

Wir, das sind Fabian Hanker aus Wolfenbüttel und Lutz Kullrich-Baumann aus Salzgitter, wollen dieses anstrengende Abenteuer auf uns nehmen, um Hilfe und Spenden direkt dorthin zu bringen, wo sie gebraucht werden.

Der Start ist am 25.12.2016 und Mitte Januar 2017 werden wir hoffentlich wohlbehalten im Senegal ankommen. Von Dakar im Senegal geht es mit dem Flugzeug zurück nach Deutschland."

So berichteten wir 11 Monate vor dem geplanten Start über unser Vorhaben und auch über den guten Zweck des Projektes.

„Das Kinderhausprojekt in Mauretanien"

Mit der Teilnahme an der „Dust and Diesel"-Rallye unterstützen wir das bereits 2006 in Nouadhibou von Florian Schmidt, dem Initiator der Rallye, gemeinsam mit dem Mauretanier Abderrahmane Kane gegründete Projekt. Nouadhibou ist die zweitgrößte Stadt der islamischen Republik Mauretanien, einem der ärmsten Entwicklungsländer weltweit.

Das in der Sahelzone liegende Land besteht nahezu vollständig aus Wüsten- und Steppenlandschaft. Landwirtschaft kann nur auf 0,2 % der Staatsfläche betrieben werden. Die Bevölkerung besteht zu etwa 80 % aus arabisch-berberischen Mauren. Die übrige Bevölkerung gehört schwarzafrikanischen Völkern an. Die Analphabetenrate beträgt rund 70 %.

Obwohl die Sklaverei offiziell schon dreimal abgeschafft wurde, wird sie tatsächlich stillschweigend geduldet. Analphabetismus und Sklaverei sind auch heute in Mauretanien noch so allgegenwärtig, dass es sich die AEPN Mauretanienhilfe e. V. zur Aufgabe gemacht haben, gemeinsam mit engagierten Mitarbeitern vor Ort diesen Kreislauf zu durchbrechen.

Die AEPN Mauretanienhilfe e.V. ist ein gemeinnütziger Verein mit dem Ziel, hilfsbedürftige Kinder und deren Familien in Mauretanien zu unterstützen.

In Nouadhibou betreibt der AEPN eine Kindertagesstätte für derzeit ca. 75 Kinder. Hier erhalten die Kinder warme Mahlzeiten, Kleidung und eine fürsorgliche Betreuung durch eigene Erzieherinnen der AEPN. Eine Krankenschwester kümmert sich um die medizinische Versorgung der Kinder und betreut parallel dazu schwangere Frauen im umliegenden Viertel.

Das Projekt mit dem Namen AEPN - Association pour l'aide à l'Enfants et aux Parents Necessiteux (Hilfe für Kinder und bedürftige Eltern) wird in Mauretanien als ONG (Organisation Non Gouvernementale) geführt und erhielt von staatlicher Seite aus die offizielle Bestätigung der Gemeinnützigkeit. In Deutschland ist die AEPN Mauretanienhilfe e.V. als gemeinnütziger Verein eingetragen. Daher kann über den Verkaufserlös der Autos und eingegangener Geldspenden eine steuerlich wirksame Spendenquittung ausgestellt werden.

Die Arbeit der AEPN ist mittlerweile auch in Regierungskreisen bekannt und anerkannt. Bei der Ankunft der Rallye in Mauretanien werden wir von Innenminister, Tourismusminister, Abgesandten der Societé Generale, der Caritas, Bürgermeister und Präfekten der Region erwartet und begrüßt. Der Verkaufserlös der Rallyefahrzeuge und die Geld- und Sachspenden kommen ausschließlich der AEPN zu Gute. Die Übergabe der Gelder findet direkt nach dem Verkauf der Fahrzeuge statt.

Am Tag der Ankunft in Nouakchott wird in den beiden großen mauretanischen Tageszeitungen und im mauretanischen Fernsehen über die Rallye und die Spendenaktion für die AEPN berichtet."

Mit diesem Text war die Internetseite erstmal fertig und wir hofften, damit einige Spenden einzuwerben. Jetzt hatte ich den Kopf frei, um mich mit dem wichtigsten Bestandteil des Projektes zu befassen - dem Auto. Wir hatten zwar noch viel Zeit, aber bereits im Februar begann ich damit, die einschlägigen Portale mobile.de und autoscout24.de nach einem geeigneten Daimler zu durchforsten.

Ja, ein Benz musste es sein, so viel war klar. Zwar hatten schon einige Rallyeteilnehmer mit anderen Modellen das Ziel in Mauretanien erreicht. Aber da Lutz und ich zwar Ingenieure sind, aber mit Autoschrauben nicht gar so viel Erfahrung haben, wollten wir uns lieber auf die kundige Hand und das Ersatzteillager von Eiko verlassen. Eiko Breuker ist Kfz-Meister und nimmt als Rallyemechaniker an der Tour teil. Er steht auch bei der Autovorbereitung mit guten Ratschlägen zur Seite und kann auch die erforderliche Höherlegung durchführen. Aber dazu später.

Stellte sich also die Frage, für welches Modell man sich entscheiden sollte. Ein reger Austausch von E-Mails mit dem Team "Eisern-Dakar" brachte dabei ausgesprochen nützliche Hinweise. Die Verkaufserlöse waren nach ihren Erfahrungen bei den alten 190er Limousinen am höchsten, gefolgt vom W124. Weniger bekommt man für W202, noch weniger für die jeweiligen Kombiversionen. Je älter das Auto und je einfacher die Technik, umso größer ist die Nachfrage in Mauretanien, hieß es.

Außerdem ist ja auch das Angebot der jeweiligen Typen auf dem Gebrauchtmarkt zu sehen. Gute 190er und W124, die der Rost noch nicht ganz im Griff hat, sind für einen angemessenen Preis eher rar. Eins wurde uns klar - der Verkaufserlös wird deutlich geringer sein als der Kaufpreis des gebrauchten Autos in Deutschland. Trotzdem war ich auf der Suche nach einem Fahrzeug in relativ guten Zustand. Schließlich wollte ich es noch ein paar Monate fahren, um es kennen zu lernen und auftretende Probleme noch zu beheben.

Kapitel 2 - Vorbereitung

Auch die Zeit der Vorbereitung haben wir in den „News" unserer Internetseite veröffentlicht. So bestimmten die knapp 10 Monate bis zum Start einen nicht unerheblichen Teil unserer Freizeit. Über unsere Erlebnisse hat Lutz einige Videos gedreht, die man auf unserer Seite abrufen kann.

März 2016 – Beim Vortreffen zur Mairallye

Am Sonntag sind Lutz und ich mit meiner B-Klasse mal eben 610 km nach Nordhorn und zurückgefahren, um an einem Vortreffen für die Rallye teilzunehmen und die Organisatoren persönlich kennen zu lernen. Die eloquente, klare Art des Organisators der „Dust and Diesel"-Rallye, Florian Schmidt gefällt uns. Nach einer Art "Druckbetankung" in Sachen Vorbereitung kehren wir mit einem guten Gefühl nach Hause zurück.

März 2016 - Auto gekauft

Unser Rallyefahrzeug steht seit gestern vor der Tür. Ein Mercedes W202, C220 Diesel mit 95 PS, Baujahr 1994 mit 265.000 km. TÜV neu, Schiebedach und kaum Rost – also so ziemlich das optimale Rallyefahrzeug für uns. Ok, die Reifen sind runter und das Poltern an der Vorderachse müssen wir noch ergründen… Hoffen wir, dass die „Blaue Else" es durchhält, wir haben ein gutes Gefühl – mit 140 km Erfahrung kann man sagen, sie fährt sich prima!

Das Fahrzeug wird jetzt zugelassen, nach und nach „durchrepariert" und Ende des Jahres wüstentauglich vorbereitet. An dieser Stelle nochmal Dank an Marco und Werner, unsere fachkundigen Unterstützer beim Autokauf und mehr.

März 2016 - Darmentzündung bei Fabian

Ende März auch das noch. Schmerzhaft, blöd, 5 Tage Krankenhaus. Erledigt.

April 2016 - „Blaue Else“ auf der Hebebühne

Dank Unterstützung der Spezialisten des Wolfenbütteler Mercedes-Benz-Servicepartners Reinecke & Meyer wissen wir jetzt, wie es um unsere „Blaue Else“ steht.

Die Bremsen mit Scheiben, Belägen und Bremsschläuchen rundum müssen gemacht werden. Okay, für die Sicherheit müssen wir Geld ausgeben, so viel ist klar. Der Keilriemen ist auch dran. Okay, ohne den läuft ja nun mal nichts. Das besagte Poltern hat mutmaßlich mit der Hardyscheibe und dem Schwingungstilger zu tun, da muss also auch was getan werden. Ansonsten noch ein paar korrosionsbedingte Dinge... Aber hallo, das Auto ist 22 Jahre alt und steht ansonsten ziemlich gut da!

Etwas Unterstützung für die Beschaffung der Ersatzteile könnten wir trotzdem ganz gut gebrauchen – ist schließlich am Ende für den guten Zweck.

Mai 2016 - Team HaKuBa in der Presse

In der Salzgitter Zeitung erscheint ein Artikel über unser Vorhaben.

Mai 2016 - Tour nach Cham

Mit Unterstützung von Werner ist die „Blaue Else“ jetzt mit diversen Neuteilen in einen guten technischen Zustand gebracht worden. Um Vertrauen in unser Fahrzeug zu gewinnen, haben wir gleich eine Probefahrt unternommen und zum Fronleichnam gute Freunde in Bayern besucht. Nach 1.100 km wissen wir, dass alles dicht ist und funktioniert. Unsere Hoffnung, die Poltergeräusche aus dem Bereich der Vorderachse durch neue Stoßdämpfer, Lenkungsdämpfer, Hardyscheibe und Traggelenke loszuwerden, hat sich leider nicht erfüllt. Jetzt ist noch ein Spurstangenkopf zu erneuern und dann erwarten wir Ruhe.

Juni 2016 - Heidetour

Bei einer Tour in die Heide konnte die Else zeigen, dass ihr auch holprige Wege nichts ausmachen. Nun ja, dafür vibriert jetzt die Lenkung. Überhaupt haben wir etwas Pech mit den Reifen und hoffen da auf Unterstützung. Ein Reifen hat sich bereits mit defektem Ventil verabschiedet, so dass wir derzeit mit einer Dose Pannenspray als Ersatzrad herumfahren.

Juni 2016 - Schaufensterwerbung für unser Projekt

Mein Friseur Malte Jahns findet unser Projekt so interessant, dass er sein Schaufenster für unsere Sache dekoriert hat. Malte ist dafür bekannt, in seinem Schaufenster Themen zu zeigen, die man nicht in einem Friseursalon erwartet. Mal steht ein Oldtimer-Motorrad drin, mal wird Werbung für den regionalen Modellflugclub gemacht oder für die Veranstaltung „Gartenzauber im Park". Und jetzt ist eine Szene entstanden, die unsere Reise nach Mauretanien visualisieren soll.

Eine alte Autotür im Sand ist zu sehen, es läuft eine Diashow mit Fotos von vergangenen Rallyes, es gibt einen Wegweiser und einiges an Equipment, das die Umstände der Reise beschreibt und natürlich Informationen über uns und unser Projekt für den guten Zweck. Der von Maltes Vater gebaute Wegweiser wird uns übrigens die ganze Reise begleiten, doch dazu später mehr…

August 2016 - 24h-Wanderung von Wernigerode

Nach dem Urlaub ist vor dem Urlaub und so geht es munter weiter. Ein wenig Werbung in eigener Sache kann ja bekanntlich nicht schaden und so hat die „Blaue Else" 1/2 Team HaKuBa flugs nach Wernigerode zur 24h-Trophy gefahren. Dabei handelt es sich zwar um eine Wanderveranstaltung, aber Kameramann Lutz weiß jetzt, was es heißt, 24h auf den Beinen zu sein und dabei noch zu filmen. Wenn das keine perfekte Übung für Afrika ist…

September 2016 - Noch 3 Monate…

Rechtzeitig vor der Abfahrt nach Würzburg zum Vorbereitungstreffen für unsere Rallye haben wir jetzt die Reifenfrage gelöst. Dank der Unterstützung durch Reinecke & Meyer Mercedes in Wolfenbüttel steht die Blaue Else nun auf fast neuen Winterrädern. Die Felgen mussten wir kaufen, die Reifen steuerte unser Freund Hans-Peter bei und für das Umziehen der Reifen inklusive Auswuchten machten sich Uwe Gebhardt und sein Team von Reinecke & Meyer stark. Damit verfügen wir nun auch über genug Ersatzräder (2 sollten es schon sein, sagt der Veranstalter von „Dust and Diesel") und müssen nicht mehr nur mit Pannenspray rumfahren.

Uwe Gebhardt war es auch, der unseren Mercedes vor ein paar Wochen nochmal auf die Hebebühne nahm, um die Ursache der Vorderachsgeräusche zu ergründen. Ganz herzlichen Dank für die Unterstützung! Die Lager der Spurstange werden jetzt erneut unter die Lupe genommen. Gefährlich ist das Geräusch offensichtlich nicht, aber es klingt halt etwas unheimlich. Vielleicht ist es ja mit etwas Öl und einer Injektionsspritze getan?!?

Selbstverständlich fährt die „Blaue Else" jetzt auch mit den neuen Kennzeichenhaltern von Reinecke & Meyer durch die Gegend, damit vorn und hinten auch dransteht, woher wir kommen – aus Wolfenbüttel! (DD steht übrigens für „Dust and Diesel").

Die „Blaue Else" bewährt sich übrigens seit Ende März im täglichen Einsatz als perfekter Zweitwagen (wenn die Kfz-Steuer von 600 € pro Jahr nicht wäre, würde ich sie gern behalten).

September 2016 - Vortreffen Dezemberrallye in Würzburg

Ende September waren Lutz und ich beim Vorbereitungstreffen für die Rallye in Würzburg. Aber der Reihe nach: Auf meine Lösung der Reifenfrage konnte auch Lutz mit einer Überraschung kontern. Ein schönes, großes TomTom Navi mit Weltkarte hat Einzug in unser Elektronikequipment gehalten. Das passt noch ins Fluggepäck und ist einfach besser als die Navigation mit dem Smartphone. Und es wird nicht so heiß wie ein iPhone mit Karten-App.

Wir starteten die Wochenendtour bereits am Samstag und folgten einer Einladung unseres Freundes Norbert nach Dieburg in der Nähe von Frankfurt. Mit Norbert verbinden uns einige schöne Trekkingtouren.

Wir wurden mit einem sehr leckeren Essen empfangen, machten noch einen kleinen Abstecher zur Veste Otzberg und waren abends exklusive Gäste beim „1. Dieburger Kellerjazz mit LetSwing". Es war ein sehr schöner Abend mit drei Stunden toller Livemusik eines siebenköpfigen Ensembles, in dem Norbert Saxophon spielt.

Am Sonntag ging es nach einem ausgiebigen Frühstück Richtung Würzburg zum Vortreffen. Es gab viele Informationen und da sich von den nunmehr fast 60 Teilnehmern mit 30 Autos immerhin 45 Leute in der Weinstube einfanden, wurde es eng aber gemütlich. Wir konnten nach vorheriger Abstimmung mit Gerit von der AEPN-Mauretanienhilfe e. V. auch ein gebrauchtes Notebook als Sachspende an Florian übergeben. Nach 3 Stunden Austausch mit Gleichgesinnten und viel Input von Florian machten wir uns auf den 360 km langen Heimweg. Vorher kauften wir noch 2 T-Shirts mit dem markanten „Dust and Diesel"-Schriftzug, der unterwegs auch als Erkennungszeichen der Rallyeteilnehmer untereinander dient. Die insgesamt 900 km des Wochenendes mit der „Blauen Else" waren völlig problemlos. Das gibt uns ein gutes Gefühl.

Oktober 2016 - Interview Wolfenbütteler Schaufenster

Eine freundliche Mail an das regionale Wochenblatt führt zu einem Interview, wenig später erscheint ein recht großer Artikel mit Foto von uns vor dem Wolfenbütteler Schloss.

Oktober 2016 - Wartung bei Werner

Wir waren mal wieder in Werners Werkstatt, um gemeinsam ein paar Restarbeiten zu erledigen. Die „Blaue Else" hat jetzt frisches Motoröl, der Ölfilter wurde gewechselt und auch der Wechsel des Kraftstofffilters stand auf dem Programm. Die Kontrolle des Hinterachsdifferenzials zeigte, dass sich das Nachziehen der Schrauben und Auffüllen des Öls im Juni gelohnt hat: Alles trocken!

Vorsichtige Ölinjektionen in die Gelenke der Spurstange sollen die Geräusche an der Vorderachse beseitigen. Im Moment ist alles ruhig - hoffen wir, dass es so bleibt.

Oktober 2016 - Es wird Herbst

Wir haben einen Tag schönes Herbstwetter genutzt, um mit Bordmitteln die feinen Winterräder zu montieren. Leider war das geschenkte Radkreuz der Aufgabe nicht gewachsen... Aber lieber jetzt als in Afrika.

Auch der Luftfiltereinsatz und die H1-Abblendlichtlampen wurden gewechselt. Aber wie immer steckt der Teufel im Detail: Ein Verschluss des Luftfiltergehäuses zerbröselte und die Kontrolle einiger Sicherungen zeigte auch Zerfallserscheinungen. Also eine klassische „Mal eben-Aktion!".

Übrigens ist das Starterpaket vom Veranstalter der „Dust and Diesel-Rallye, Florian Schmidt, angekommen. Jetzt können wir schon mal das Roadbook studieren und die großen Aufkleber an den Türen anbringen. Und wir haben 2 weitere T-Shirts erhalten.

November 2016 - Wischer

Das nieselige Wetter hat übrigens für ein neues Problemchen der Else gesorgt. Der Scheibenwischer hakelt und macht Geräusche. Nachdem ich mich im Netz informiert hatte, wie das geht, hat die Hubkinematik jetzt eine volle Ladung Silikonöl gekriegt und der Wischer wischt wieder schön. Ohne Schmierung hätte es wohl über kurz oder lang das Getriebe des Wischermotors ruiniert...

November 2016 - Impfungen

Der Rallye-Veranstalter rät: „Schluckimpfung gegen Cholera mit „Dukoral" - reduziert den Toilettenpapierverbrauch und hebt die Stimmung."

Manche sagen so, andere sagen so... Welche Impfung für die Reise fehlte, weiß man immer erst hinterher. Wir haben entschieden, dass wir uns nicht nur gegen Hepatitis A, sondern auch gegen Gelbfieber impfen lassen. Auch der Masern-Impfstatus war meinem Hausarzt wichtig. Also auch noch Blut abnehmen lassen. Alles ok, ergab die Blutuntersuchung. Bei mir war dann noch die Auffrischung der Vierfachimpfung (Tetanus, Keuchhusten, Diphtherie, Polio) dran, Lutz ist diesbezüglich auf Stand. Polio war alle, muss ich im Frühjahr nachholen. Also tat mein Arm erstmal ein paar Tage weh. Die Gelbfieberimpfung eine Woche später ist jetzt auch erledigt und wir haben jetzt jeder 2 Impfausweise...

Auch das Thema Brillen ist jetzt für mich abgehakt. Ersatz- und Sonnenbrille in Gleitsichtausführung sind beschafft.

Die paar Bretter finden doch noch Platz oder? Da wir uns zum Kochen von Kaffeewasser und einfacher Gerichte dafür entschieden haben, unsere bewährten rucksacktauglichen Outdoorkocher zu verwenden, war ein simpler, pragmatischer Kocherhalter fällig... Aufbauzeit eine Minute. Ein bisschen Komfort auf wüsten Campingplätzen muss schon sein!

November 2016 - Höherlegung bei Eiko in Nordhorn

Mitte November war noch das Highlight der Vorbereitung zu erledigen. Um auf den teilweise schlechten Straßen während der Tour zu bestehen und die Wüstenetappen überhaupt erst möglich zu machen, ist eine Höherlegung des Fahrwerks erforderlich. Auch ein massiver Unterfahrschutz war zu montieren. Wir entschieden uns, die Unterstützung des Rallyemechanikers Eiko Breuker in Anspruch zu nehmen und vereinbarten ein Treffen in Nordhorn. Um zeitig die Werkstatt zu erreichen, übernachteten wir 100 km entfernt bei einem guten Freund, den wir bei einer Wanderung in Lappland kennen gelernt haben. 6 Stunden dauerte die Wüstenvorbereitung, bei dem wir Eiko als Handlanger dienten. Jetzt hat die „Blaue Else" zehn cm mehr Bodenfreiheit, die vorderen Federaufnahmen sind verstärkt und ein dickes Stahlblech unter dem Motor schützt die Ölwanne. Im Dunkeln stochern wir die 300 km nach Hause. Das Auto federt auf normalen Straßen kaum noch, aber das Fahrverhalten hat darunter kaum gelitten.

Noch fünf Wochen bis zum Start...

Nachdem ich ausführlich über die Vorgeschichte unserer Rallyeteilnahme und die Zeit der Vorbereitung berichtet habe, soll nun Lutz mit dem hoffentlich noch interessanteren Teil unseres Projektes zu Wort kommen. Er hat jeden Tag während der Rallye unseren Tagesablauf und unsere Impressionen, meist bereits während ich am Steuer saß, ins Smartphone getippt... Diese Texte und, je nach Internetmöglichkeit, auch Fotos wurden an Jörg Thamer nach Limburg gesendet. Er bereitete die täglichen News dann für den dynamischen Teil unseres Internet-Blogs auf. Und auch meine Tochter Merle trug ihren Teil bei, indem sie die Texte noch überarbeitete und korrigierte sowie Jörg ein paar Tage als "Blogverantwortliche" vertrat.

Kapitel 3 - Die Rallye

Tag 1 (25.Dezember 2016) - Valence

Wolfenbüttel bis Valence (1.130 km)

Endlich geht es los! Es ist 07:45 Uhr in Salzgitter-Thiede und stockfinster. Fabian ist bereits um 07:30 Uhr in Wolfenbüttel losgefahren und holt mich ab. Endlich geht es los! Meine Nachbarn Martin und Katharina stehen vor der Tür und verabschieden sich gemeinsam mit Ariane von uns. Die anderen Nachbarn Manfred und Marlies winken vom Fenster aus. Wir sind ja auch 15 Minuten früher als geplant am Start. Am ersten Weihnachtsfeiertag wollen wir so weit wie möglich mit unserer „Blauen Else" in Europa vorankommen. Es läuft gut an diesem ersten Weihnachtsfeiertag 2016 und wir machen um 10:12 Uhr auf dem Parkplatz Wetterau die erste Pause. Damit liegen die ersten 300 km unserer über 2.700 km geplanten Anreise nach Tarifa schon einmal hinter uns. Dann geht es flott weiter. Während Fabian das erste Teilstück der Strecke hinter dem Lenkrad sitzt, werde ich unsere Reise mit den verschiedenen Kameras begleiten und, wann immer es geht, für unseren Internetblog eine Art Tagebuch schreiben.

Da ja heute der erste Weihnachtsfeiertag ist, lässt es sich Fabian in seiner Eigenschaft als „Reiseleiter" natürlich nicht nehmen, kleine Geschenke an mich zu verteilen. Er hat aus Spaß einen internationalen Presseausweis für mich kreiert, der von mir natürlich mit großem „Hallo" entgegengenommen wird. Das verleiht doch der Mission, für die ich vor allem an dieser Reise teilnehme, natürlich eine besondere Note. Ich sehe meine Aufgabe vor allem darin, die ganzen Eindrücke, welche uns erwarten, in ansprechender Form zu dokumentieren. So läuft das auf fast allen unseren gemeinsamen Reisen, Fabian plant und organisiert, ich motiviere unterwegs und vor allem halte ich die Eindrücke in Bild und Ton fest.

Die nächste Pause machen wir gegen 13:15 Uhr - mit Spaghetti Bolognese und Cola in einer Autobahnraststätte. Anschließend übernehme ich das Steuer und weiter geht es Richtung Frankreich. Aufgrund der in ganz Europa angespannten Sicherheitslage wird beim Grenzübertritt bei Mulhouse durch einen bewaffneten Soldaten unser Auto genau angeschaut und, mit einer freundlichen Ermahnung bezüglich der Geschwindigkeit, dürfen wir weiterfahren. Merke: immer in Schrittgeschwindigkeit auf bewaffnete Posten zufahren, sonst werden die nervös. Wir sind uns einig, Schengen war schöner...

Aber was Grenzübergänge wirklich bedeuten können, sollten wir ja noch in Afrika kennen lernen. Die Autobahn ist angenehm leer und wir cruisen mit max. 130 km/h durch die jetzt wieder trübe französische Landschaft. Unterschiedliche Maut-Systeme machen die Fahrt abwechslungsreich. Mal muss man ein Ticket ziehen, mal bezahlen. Manchmal funktioniert es mit Kreditkarte, an anderen Stellen hilft nur Bargeld.

Wir beschließen, den ersten Tag in Valence zu beenden und buchen ca. 1 Stunde vor unserer Ankunft ein Hotel mit der booking.com-App auf dem Smartphone, während der Fahrt. Schon klasse, was so alles geht. Das Vorhandensein von 2 Ibis-Hotels in Valence sorgt dann noch für etwas Verunsicherung. Nachdem wir das gebuchte Hotel schon angesteuert hatten, meinte Fabian, das sei es nicht, wir müssten in das andere Ibis-Hotel, das genau gegenüber liegt. 3 Kreisverkehre und einen Beinahunfall im Kreisverkehr später, stellte sich heraus, dass wir beim ersten Stopp genau richtig waren. Also wieder zurück. Aber auch diese 9 Kreisverkehre direkt hintereinander können unsere gute Laune nicht trüben. Wir erreichen schließlich um 19:41 Uhr unser Ibis Hotel in Valence. So, die ersten 1.130 km liegen damit hinter uns. Also ab ins Zimmer und dann schnell was zum Essen suchen. Quick ist hier so eine Art McDonalds. Mehr Auswahl gibt es fußläufig nicht und Auto gefahren sind wir genug. Die Sprachbarriere können wir durch eine Bestellung am Automaten umgehen. Kulinarisch ist das natürlich nicht der Bringer, aber Fabian wäre nicht Fabian, wenn er als Reiseleiter nicht noch einen Joker im Ärmel hätte. Dieses Mal in Form von Schwiegermutters selbstgemachten Heringssalat, zwei Bier und Jägermeister zum Abrunden. Die Heckklappe der „Blauen Else“ dient als Tisch und die gelben Lampen der Parkplatzbeleuchtung lassen fast Weihnachtsstimmung aufkommen.

Tag 2 (26.Dezember 2016) - Valencia

Valence bis Valencia (893 km / 2.023 km)

07:00 Uhr - Aufstehen, danach Hotelfrühstück mit einem genialen Eierkocher. Die auf dem Gerät angegebenen Zeiten beziehen sich auf kochendes Wasser, das hat der weltbeste Frühstückseizubereiter Fabian nicht ganz beachtet. Deshalb gibt es bei Ihm heute auch Trinkei. Doch das tut der guten Stimmung am Morgen keinen Abbruch und so machen wir uns gut gelaunt auf, um die zweite Etappe in Angriff zu nehmen. Das Ziel für heute ist es, soweit wie möglich in Spanien unserem Ziel Tarifa näher zu kommen, wo wir auf die anderen Rallyeteilnehmer treffen werden. Unterwegs gegen 11:30 Uhr an einer Mautstelle in Spanien treffen wir Anja & Holger aus Stuttgart. Die großen „Dust and Diesel"-Aufkleber an den Autotüren sind das Erkennungszeichen. Wir begrüßen uns und verabreden uns zu einem kurzen Plausch auf dem nächsten Parkplatz. Dort treffen wir noch auf andere Rallye-Teilnehmer und sitzen in einer ersten Plauderrunde mit Gleichgesinnten zusammen.

Nach einem Automatenkaffee geht es weiter Richtung Valencia. Wie es der Zufall und die mobile Buchungsanfrage aus dem Auto heraus unterwegs so will, werden wir heute ebenfalls wieder in einem Ibis-Hotel die Nacht verbringen. 19:12 Uhr - Ankunft im Ibis Valencia. Nach dem Check-in laufen wir ins nahe gelegene Shoppingcenter, wo das Klischee über die Spanier voll zur Geltung kommt, obwohl heute der 2. Weihnachtsfeiertag ist. Es ist laut, bunt und quirlig. Eine gute Thailändische Küche mit lecker Nachtisch und schnelles WLAN, mehr brauchen wir heute nicht. Schließlich können schon einige Zeilen an Jörg geschickt werden, die er dann tagesaktuell auf unseren Blog bringt.

Tag 3 (27. Dezember 2016) - Tarifa

Valencia bis Tarifa (855 km / 2.878 km))

Um 05:30 Uhr ist aufstehen angesagt, denn wir haben gestern Abend beschlossen, heute bis Tarifa durchzufahren und uns eine Hotelübernachtung zu sparen. Außerdem können wir dann auf dem Campingplatz das Eintreffen der anderen Teams beobachten und noch in Ruhe unsere Lebensmittelvorräte ergänzen.

Das Navi routet uns über Granada durchs Landesinnere Richtung Tarifa. Etwas unorthodox durch die Mancha wie einst Don Quixote, aber bis wir es bemerken, sind wir schon ziemlich weit in den Bergen. So werden wir erst heute Abend den Blick auf das Meer genießen können, haben aber dadurch die Möglichkeit, den Zeltaufbau noch bei Tageslicht zu bewerkstelligen. Nachdem wir nach 250 km an einer Tankstelle Fahrerwechsel machen, erwische ich leider die falsche Ausfahrt und wir müssen 15 km zurückfahren. Das heißt, unsere Tagesetappe verlängert sich so um 30 km! Fabian trägt es mit Fassung. Ok, das erste Bier heute Abend in Tarifa geht dann wohl auf mich. Die Fahrt durchs Gebirge ist abwechslungsreich, teilweise wird die Sonne aber durch Nebel abgelöst. Auf den Bergkuppen ist teilweise richtig viel Schnee. Ist ja auch Ende Dezember... Während der nächsten 400 km beschäftigt sich Fabian in seiner Eigenschaft als Reiseleiter mal etwas ausführlicher mit unserem TomTom und siehe da, mit einer etwas ungewohnten Bedienung kann man sogar direkt die Koordinaten von Wegpunkten eintippen. Das hatte ich bisher vermisst. So hat die lange Fahrt auch etwas Gutes. Dank mobilen EU-Roamings können wir auch verfolgen, dass Jörg unsere Reisenotizen in den Blog geschoben hat. Mal sehen, wie gut das dann in Afrika funktioniert. Das Interesse der Mitglieder unserer WhatsApp-Gruppe ist uns natürlich auch Ansporn, solange wie möglich von unterwegs zu berichten.

Kurz vor Granada machen wir an einer Tankstelle halt, um unsere Wasservorräte aufzufüllen und sicherheitshalber doch noch einen 5l Reservekraftstoffkanister zu kaufen. Im Schnitt kommen wir ja mit 7,7 Liter Diesel je 100 km auf eine Reichweite von über 800 km, was auch für die längsten Strecken locker reichen müsste. Doch nachdem die Kontrolllampe unserer Tankanzeige schon 2x sehr früh meinte, es wäre an der Zeit zu tanken, wir aber feststellen mussten, dass jeweils noch 12 Liter Kraftstoff uns weitere 150 km Fahrt ermöglicht hätten, wollen wir uns nicht in trügerischer Sicherheit wiegen… Außerdem stellte später jemand aus dem Teilnehmerfeld die Frage, wo wir denn ohne Dachgepäckträger die Reifen (auf der Rückbank hinterm Fahrer) und den Reservekanister (jetzt im Kofferraum) haben. Damit wäre auch diese Frage beantwortet...

Wir brauchen eine kurze Pause und fahren 2 km parallel zur Autobahn zurück zu einer Tankstelle. Die spanische Tankstellenwärterin empfiehlt uns ein kleines Restaurant schräg gegenüber. Als wir dort ankommen, erweist sich die Empfehlung als goldrichtig. Kleine leckere Vorspeisen, gut gekühlt und vor allem zum selber aussuchen. So finden Oliven, Thunfisch, Tomaten, Gurken und andere Leckereien schnell Platz auf dem Teller. Abgerundet wird das Ganze mit einem frisch gebrühten Kaffee, so macht die Reise richtig Spaß.

Die restlichen 200 km vergehen wie im Flug. Die Abfahrt aus den Bergen ist genau unser Ding. Kurven über Kurven und ab und an erhaschen wir einen Blick auf das Mittelmeer und schönes Urlaubsfeeling stellt sich ein. Noch ein kurzer Tankstopp und dann ist schon die Einfahrt zum Campingplatz „Torre de la Peña" erreicht. Auf dem Platz sind schon einige Rallyeteilnehmer vor uns angekommen. Auch Florian, unser Guide und Organisator der „Rallye Dust and Diesel“, richtet sich gerade ein.

Tag 4 (28. Dezember 2016) - Tarifa

Jour de repos in Tarifa und kurze Fahrt nach Algeciras (91 km / 2.969 km)

Insgesamt 13 Fahrzeuge zählen wir am späten Abend auf dem Campingplatz "Torre de la Peña. Alles Teilnehmer, die die Tour ohne Stress beginnen wollen. Nachdem wir gestern Abend noch gemütlich mit den beiden Hamburger Teams (übrigens Wiederholungstäter, Mairallye 2014) zusammengesessen haben, ging es dann zum ersten Mal auf unserer Tour zum Schlafen ins weiße Pyramidenzelt, das wir günstig für 60 € bei www.doorout.com erworben haben.

Heute Morgen gegen 07:30 Uhr ist Fabian schon fleißig, baut den Kocher auf und weckt mich mit frisch gekochtem Kaffee. Beim Sichern der Fotos und Videos muss ich feststellen, dass mein SD-Kartenleser beschlossen hat, den Dienst zu quittieren. Ich brauche auch ein neues Stativ, denn eine verlorene Schraube macht mein bisher zuverlässiges Ausrüstungsteil unbrauchbar. Eine Lösung der Probleme ist dank Google schnell in Sicht: wir verlegen Einkauf und Frühstück nach Algeciras.

Im dortigen Media Markt hoffen wir, fündig zu werden. Bevor wir das fehlende Equipment kaufen, setzen wir uns noch in ein kleines Café und frühstücken gemütlich. Nachdem wir den Media Markt mit einem neuen SD-Kartenleser und Stativ verlassen haben, versuche ich noch fix im benachbarten Decathlon Outdoor Superstore eine Beanie-Mütze zu finden. Meine befindet sich noch zu Hause in der Jackentasche… Bei dem riesigen Angebot ist das wie die Nadel im Heuhaufen zu suchen. Doch nach 15 Minuten in diesem Megastore werde ich fündig und wir können Algeciras wieder Richtung Tarifa verlassen.

Heute ist so viel Wind, dass fast das Handy wegfliegt, wenn man ein Selfie mit der neuen Mütze machen will. Und so geschieht das erste nennenswerte Missgeschick der Reise. Wir fahren kurz vor Tarifa zu einem Aussichtspunkt, von dem aus man bei guter Sicht bereits Afrika sehen kann. Eine Windböe erfasst das Stativ und die Kamera schlägt hart auf dem Boden auf. Der Kamera ist, bis auf ein paar Schrammen, nichts passiert. Aber mein Lieblingsobjektiv ist hin. Schnief. Zum Glück habe ich noch ein ähnliches Objektiv dabei. Aber es ist halt nicht so gut wie das kaputte.

Nachdem wir in Tarifa endlich einen (kostenpflichtigen) Parkplatz unterhalb des Castellos gefunden haben, suchen wir auch gleich den ganz in der Nähe befindlichen Geocache „El Castello de Guzmán el Bueno". Nach dem schnellen Fund können wir uns auch mit einem spanischen Geocaching-Länderpunkt schmücken. Am Hafen vorbei schlendern wir über die von Wellen und Schaumkronen überspülte Mole zum Castello - natürlich nicht, ohne den einen oder anderen Spritzer abzubekommen. Fabian wird sogar von einer Gischtwolke erwischt und flucht über seine nasse Hose. Der Wind weht sehr heftig und der herumwirbelnde Sand ist schon ein kleiner Vorgeschmack auf Afrika. So trocknet die Hose schnell. Anschließend tauchen wir in das Gewirr der Gassen von Tarifa ein und suchen uns eine gemütliche Taberna, wo wir Fish & Chips essen.

Pünktlich um 19:00 Uhr ist das erste Rallye-Briefing, bei dem Florian die Einreiseprozedur erläutert und die wichtigsten Hinweise für unser erstes Etappenziel Fés gibt. Nach seinem Vortrag stellen wir fest, dass alles, was uns an Bürokratie in Deutschland nervt, in Afrika anscheinend noch wesentlich schlimmer ist…

Tag 5 (29. Dezember 2016) - Fés

Tarifa bis Fés (endlich in Afrika, 343 km / 3.312 km)

05:00 Uhr - der Wecker klingelt und ein nahezu lautloses Packen und Ordnen der Sachen beginnt. Die klaren Ansagen von Florian am Abend zuvor entfalten mehr als die beabsichtigte Wirkung. Immerhin soll ja vermieden werden, dass von 30 Autos die Türen mehrfach auf- und zugeklappt werden, um die anderen Campingplatzbewohner zu dieser frühen Uhrzeit nicht über Gebühr zu belästigen. Und siehe da, es funktioniert. Nach dem Frühstück verstauen wir Tisch und Stühle und jetzt beginnt das bange Warten, ob aufgrund des windigen Wetters die Fähre überhaupt fährt. 10 Minuten später als geplant fährt Florian dann jedoch los und 29 Fahrzeuge reihen sich hinter ihm ein.

Im Hafen angekommen stehen wir in Zweierreihen hintereinander. Die Fahrer gehen mit Florian zum Ticketschalter und zur Zollabfertigung, die Beifahrer bleiben im Auto. Fotos sind hier nicht erlaubt, so habe ich Zeit, das Reisetagebuch zu vervollständigen. Fährt die Fähre oder nicht…?

Fabian hält über WhatsApp mit mir die Verbindung. „In 20 min sind wir schlauer. Dann wird entschieden, ob von hier oder von Algeciras." Es ist jetzt 07:15 Uhr, mal sehen, wie die Entscheidung ausfällt - immerhin sind 48 km/h Windgeschwindigkeit. Um

07:20 Uhr dann die erlösende Nachricht von Fabian per WhatsApp „Bezahlen, jetzt geht es los ".

09:25 Uhr Ankunft in Marokko

Die Überfahrt dauert nur etwas über eine halbe Stunde und ist geprägt vom Anstehen für den Einreise-Stempel. Die Fähre ist ein Katamaran, daher hält sich das Schaukeln des Schiffes trotz der hohen Windgeschwindigkeit in Grenzen. Im Abfertigungsbereich des Zolls sind Foto- und Filmaufnahmen nicht gestattet und wir haben die klare Ansage, im Auto sitzen zu bleiben. Fast alle im Team schaffen das auch…

10:30 Uhr: Einreiseformalitäten und Geldumtausch liegen hinter uns und wir fahren aus dem Hafenbereich hinaus in das quirlige Tanger. Das Navi weist uns den Weg zum ersten Geocache in Marokko. Unglaublich, dass diese engen Gassen offizielle Straßen auch für Autos sind. Ein unglaubliches Gewusel aus Menschen, Tieren, Dreiradkarren und Taxis ist unterwegs. Glücklicherweise finden wir in einer kleinen Gasse einen Parkplatz und die 100 m bis zum Cache gestalten sich nicht schwierig. Unsere Hamburger Freunde haben den Cache auf anderem Weg ebenfalls erreicht und so können wir gemeinsam den Geocaching-Länderpunkt abhaken. Anschließend bahnen wir uns den Weg aus der Stadt, um unser Tagesziel Fés anzusteuern.

13:00 Uhr: wir machen Rast in Daar Akoubaa und halten an einer Art Imbiss. Die Verständigung geht leider nur mit Händen und Füßen, aber die beiden jungen Köche bitten mich in die Küche und ich darf in alle Töpfe schauen, um uns ein Menü zusammenstellen. Es gibt Hammelfleisch in schmackhafter würziger Soße, Gemüse, Safranreis, Kartoffelstücke und Pommes frites. Dazu zwei Flaschen Wasser und zwei Gläser Tee mit frischer Minze. Das Ganze für 78 Dirham, umgerechnet 7,35 Euro.

14:15 Uhr: Chefchaoun - die blaue Stadt ist einen Abstecher wert. Außer vielen blauen Häusern und einem quirligen Markt gibt es noch jede Menge Typen, die uns Haschisch jeglicher Art und selbstverständlich bester Qualität andrehen wollen. Zum Glück treffen wir einige Mitfahrer und in einer Gruppe hat man dann schnell Ruhe vor dergleichen Offerten. Ansonsten gibt es natürlich jede Menge zu fotografieren und irgendwie sind ganz viele Leute auf den Beinen. Beim Verlassen der Stadt machen wir auch gleich noch Fahrerwechsel. Gegen 17:50 Uhr erreichen wir unser Etappenziel, den Campingplatz Diamant Vert in Fés. 343 km abwechslungsreicher Fahrt liegen hinter uns, doch die Anzahl der Eindrücke kann man, bezogen auf die Kilometer verdreifachen, so meint Fabian, als er ein Fazit des Tages zieht. Dem kann ich mich nur anschließen.

Tag 6 (30. Dezember 2016) - Fés

Jour de repos in Fés und Besichtigung der Medina

Nachdem wir die sehr kalte und feuchte Nacht ganz gut überstanden haben, gibt es Frühstück, mit Honig aus der Heimat und viel Kaffee. Der wärmt ordentlich durch und wir sind fit für die Besichtigung der Medina von Fés.

Der Campingplatz liegt in einer Senke und tiefer als die Stadt, daher wird es hier, zumindest während der Dezemberrallye, lausig kalt. Pünktlich um 09:00 Uhr sind alle am vereinbarten Treffpunkt versammelt, um nach einer kurzen Fahrt im gecharterten Bus mit Stadtführer El Wafi die Altstadt zu erkunden.

Nach der Besichtigung des Königspalastes geht es zum höchsten Punkt der Stadt, der „Maqbara Bab Etoub“. Der Blick über die vielen weißen Grabsteine des Friedhofs auf die unterhalb liegende Großstadt ist sehr eindrucksvoll.

Im Anschluss besichtigen wir die Ausbildungsstätte der Töpfer und Mosaikleger der ehemaligen Königsstadt. Die Führung durch die Akademie ist sehr interessant und der Detailreichtum der gezeigten Mosaiken und Keramiken ist beeindruckend.

Nach der Besichtigung geht es in die Medina von Fés. El Wafi, unser Guide, erzählt uns in seinem sehr „interessanten" Deutsch die Geschichte vom Touristen, der sich in dem Gewirr der Gassen verirrte und erst nach drei Jahren wieder herausfand. Den Eindruck können wir bestätigen, GPS ist hier fehl am Platz. Doch dank El Wafi kommen wir gut in der Ledergerberei an. Ein Grund, warum ich diese Reise mache, sind ja Fotos von genau diesem Ort.

Am Eingang der Gerberei drückt uns eine dunkle Gestalt etwas Grünes in die Hand. Wir wollen schon ablehnen, weil wir denken, es sei Haschisch. Doch El Wafi beruhigt uns: es ist frische Minze gegen den strengen Ammoniakgeruch in der Gerberei. Doch wenn man erst einmal eine Weile an diesem Ort ist, gewöhnt man sich auch an den durchdringenden Geruch. Der Blick vom geöffneten Fenster im dritten Stock auf die Produktionsmethoden vergangener Jahrhunderte hat schon etwas Bizarres an sich. Dazu muss man wissen, dass erst im vorigen Jahr große Teile der Gerberei restauriert worden sind. So haben wir heute bei schönstem Wetter einen ausgezeichneten Blick auf das Spiel von Licht und Farben.

Weiter geht es durch Gassen und Gässchen. El Wafi erklärt jede Menge Details. Interessant sind aufgrund der aktuellen Anlässe vor allem auch seine Erläuterungen über den Islam, der ja momentan leider von einer Minderheit völlig falsch ausgelegt wird, wie er weiter ausführt. An einer alten Karawanserei meint El Wafi dann, auch wir, die Teilnehmer der „Dust and Diesel" - Rallye seien sozusagen für eine kurze Zeit Nomaden. Er nennt uns Nomaden des Atlas, weil ja auch wir morgen wieder weiterziehen. Nur, dass wir eben keine Kamele, sondern alte Daimler dafür nutzen.

Im Anschluss an die Führung gehen die meisten Teilnehmer gemeinsam in einem Gasthaus in der Medina essen. Florian und El Wafi haben alles organisiert und es gibt mehrere leckere Gerichte mit Vor- und Nachspeise zur Auswahl. Nachdem wir stundenlang durch die engen verwinkelten Gassen gelaufen sind und unzählige Eindrücke in uns aufgenommen haben, tut es uns sehr gut, eine Weile einfach mal nur so da zu sitzen und auf das Essen zu warten.

Nach dem Essen in der Medina führt uns El Wafi noch zu weiteren Sehenswürdigkeiten der Altstadt von Fés. Wir können einen Blick in eine Moschee während des Gottesdienstes erhaschen, werden in ein Tuchgeschäft geführt und abschließend besuchen wir einen Laden mit diversen Düften, Tinkturen und Wundermitteln, u. a. zur Behandlung eines Tennisarms... Obwohl heute Sonntag ist, haben die Geschäfte, die uns El Wafi zeigt, geöffnet. Alle anderen nicht. Egal, Fabian kauft sich ein schönes blaues Tuch und lernt, wie man daraus einen Turban bindet. Alle haben ihren Spaß.

Zurück auf dem Campingplatz sichere ich noch die Videos und Fotos, schreibe am Blog weiter und versuche, die Texte per WLAN ins Netz zu schieben. Im Anschluss an diese Tätigkeiten bereite ich mich gemeinsam mit Fabian auf die morgige Etappe nach Marrakech vor. Danach sammeln wir mit einigen Rallyeteilnehmern und Florian Holz. Am Abend wärmen sich dann alle „Nomaden des Atlas" wieder am Lagerfeuer auf, denn es ist immer noch kalt in Fés, da der Campingplatz in einer Senke liegt...

Tag 7 (31.Dezember 2016) - Marrakech

Fés bis Marrakech (493 km / 3.805 km)

Nachdem wir gestern Abend gemeinsam mit dem Team „Freiburger Wüstenfüchse" beschlossen haben, statt um 08:00 Uhr gegen 07:00 Uhr zu starten, sind wir bereits um 06:35 Uhr startbereit. So langsam kommt Routine in unser Morgenritual: Aufstehen, Zähne putzen, Schlafsäcke und Matten verpacken, Zelt abbauen und zwischendurch Kaffee kochen. Danach noch Kocher, Tisch und Stühle ins Auto und wir sind startbereit. Das ganze spielt sich meist im Dunkeln im fahlen Schein der Stirnlampen ab...

Aufgrund der heute zu erwartenden Fahrtstrecke von über 500 km durch das Atlasgebirge ist es sicher eine gute Entscheidung, frühzeitig zu starten. Die Nacht war wieder sehr kalt, doch dank einer zweckentfremdeten Platypusflasche mit 2 Liter heißem Wasser ließ es sich im 25 Jahre alten Schlafsack gerade noch aushalten. Nachdem wir gepackt und Kaffee getrunken haben, müssen wir nur noch die Autoscheiben vom Eis befreien und dann geht es auch schon los. Kurz nach der Abfahrt vom Campingplatz fahren wir an eine Tankstelle, um Scheibenwischwasser nachzufüllen. Der mit einem Schäferhund patrouillierende Wächter weist uns freundlich den Weg zum Wasserhahn.

An dieser Stelle möchte ich einmal anmerken, dass wir bisher immer hilfsbereite und freundliche Menschen getroffen haben, die immer versucht haben, uns zu helfen. Auch wenn unser Wortschatz sich meist auf wenige Worte beschränkt, gelingt zumindest eine freundliche Begrüßung. Nachdem wir das Scheibenwischwasser aufgefüllt haben geht es raus aus der Stadt ins Gebirge. Es ist ganz gut, wenn man als Beifahrer auch ab und an die Gefahren am Straßenrand im Blick behält. Es sind ja keine wirklichen Gefahren, aber am Straßenrand stehende Mülltonnen, unbeleuchtete Radfahrer, in schwarze Kapuzenmäntel gehüllte Marokkaner und eine nicht immer ganz eindeutige Verkehrsführung fordern schon Mensch und Maschine. Da ist es schon hilfreich, ab und an darauf hinzuweisen, was man so „entdeckt" hat.

Nach der Stadt Ifrane biegen wir von der Hauptstraße ab, um einem Tipp von Florian zu folgen und durch den sogenannten Affenwald zu fahren. Die Affen lassen sich bei der Affenkälte aber leider nicht blicken. Als wir im nächsten Ort am Straßenrand anhalten, um etwas Brot für das zweite Frühstück zu kaufen, treffen wir die Norweger (Oslo-Dakar) und Vater und Sohn im 68 PS starken T4 Bulli. Wir kaufen zwei Baguettes und zwei kleine Fladenbrote für 8 Dirham (75 Cent).

Und weiter geht es… über Azrou - Mrirt - Khenifra (10:00 Uhr) - Kasba Tadla- Beni Mellal - unser heutiges Ziel ist Marrakech…

In Souk el Hat halten wir gegen 09:00 Uhr an, um an einem Straßencafé frische, in Öl ausgebackene Fladen und Minztee als zweites Frühstück zu uns zu nehmen. Ein paar Einkäufe erledigen wir in Khenifra.

13:30 Uhr, Nähe Forum Oudi an einer Afriquia-Tankstelle halten wir an und essen eine Portion Lammfleisch mit Krautsalat, Oliven, Paprika und Rosinen, das in einer Tajine zubereitet wird. Sehr lecker… Die „Blaue Else" parkt derweil unter einem Sonnendach ganz in Sichtweite.

Nach dem Mittag löse ich Fabian am Steuer ab und fahre die nächsten 200 km über schlechte und teilweise auch neu gebaute

Straßen durch kleine Dörfer immer der Sonne entgegen Richtung Marrakesch. 70 km vor dem Tagesziel überholen wir das Team „Reisen für Waisen" mit Bodo und Sabine. Ihr Mercedes des gleichen Typs wie die „Blaue Else" fährt derzeit leider nur auf drei Zylindern. Bisher konnte auch ein Werkstattbesuch den Fehler an der Einspritzung nicht beheben, trotz Aus- und Einbau eines Kolbens. Der Nebelwolke hinter ihrem Auto versuchen wir nach Abschluss der „Dreharbeiten" durch einen beherzten Überholvorgang zu entfliehen. Es heißt ja nicht ohne Grund „Rallye"!

17:25 Uhr Ankunft auf dem Campingplatz. Zeltaufbau, Abendbrot und - upps, Silvester feiern nicht vergessen….

Schon einmal von hier aus gute Wünsche für 2017… Kommt alle gut ins neue Jahr. Es grüßen Fabian und Lutz vom Team HaKuBa aus Marrakech, die Nomaden des Atlas-Gebirges. Mit diesen Worten endete der letzte Eintrag in unserem Reiseblog für das Jahr 2016.

Tag 8 (1. Januar 2017) - Marrakech

Jour de repos in Marrakech (30 km / 3.835 km)

Neujahrstag, Marrakech: Nachdem wir Silvester gemeinsam mit vielen Rallyeteilnehmern ganz in Ruhe zweimal in das neue Jahr hinein gefeiert haben (23:00 Uhr Ortszeit für unsere Familien in Deutschland und 00:00 Uhr Ortszeit gemeinsam in Marrakech als „Dust and Diesel"-Rallye), ging es dann gegen 01:00 Uhr ins Bett. Das Silvesterfeuerwerk wurde in Form von lautem Pfeifen simuliert, was in Anbetracht der Situation durchaus lustig war. Besonders Sophy hat sich als ernstzunehmende Silvesterrakete engagiert.

07:30 Uhr, Camping „Relais de Marrakech", langsam wird das Lager wach. Der ein oder andere hatte wohl gestern doch einen Schnaps zu viel, aber nach und nach beginnen überall die Gaskocher zu fauchen, um mit einem heißen Kaffee die Kälte der Nacht zu vertreiben. Für heute stehen zwei Punkte auf dem Tagesplan. Ich werde mit Eiko, unserem Rallye-Mechaniker, und der „Blauen Else" in eine marokkanische Werkstatt fahren, um am Beispiel unseres Autos zu zeigen, mit welchen Federn so ein Mercedes wüstentauglich wird.

Bei einem Team wurden nämlich in Deutschland an ihrem W202 Kombi die falschen Federn verbaut und nach mehreren Tausend Kilometern und viel Gepäck liegt das Auto tiefer als vorher. Das muss nun korrigiert werden, bevor es in die Wüste geht. Mangels Französisch- oder gar Arabischkenntnissen soll die „Blaue Else“ dem Mechaniker „Modell" stehen, damit der weiß, wie die Höherlegung aussehen soll.

Für 16:00 Uhr haben wir uns gemeinsam mit den Freiburger Wüstenfüchsen in die Taxiliste eingetragen, um in die Altstadt von Marrakech zu fahren. Das gibt bestimmt wieder viele schöne Videos und Fotos. Während ich in der Werkstatt bin, wird Fabian den Abwasch von gestern erledigen, da ich gestern gekocht habe. Anmerkung von Fabian: 3 x Abwaschen mit jeweils 300 m Anmarsch ist erledigt!

Um 11:00 Uhr soll es dann endlich mit Eiko und drei anderen Autos losgehen. Denn nicht nur der Daimler von „Uschi", dem Harley-Spezialisten aus Frankfurt benötigt Hilfe. Der Mercedes von Bodo und Bine läuft immer noch nur auf drei Töpfen. Und beim dritten Sorgenkind ist der Auspuff anzuschweißen. Als wir die Werkstatt erreichen, ist leider kein Besitzer weit und breit zu sehen. Nach mehreren Telefonaten heißt es, der „Chef" komme in ein paar Minuten vorbei und sehe sich das ganze einmal an. Also ist Warten angesagt. Als der „Chef" schließlich erscheint, meint er, alles kein Problem, aber erst morgen. „Morgen" ist für uns natürlich ein Problem, denn morgen soll es ja mit allen Autos weitergehen. Leider kann Eiko den Chef nicht umstimmen und so wird nach Rücksprache mit Florian beschlossen, die Reparaturen erst am nächsten Etappenziel zu erledigen. Da ich schon einmal unterwegs bin, ergänze ich auch gleich die Vorräte im Marjane-Supermarkt. Hier gibt es alles zu kaufen wie in Deutschland. Mit einer Ausnahme: Bier und Wein oder sonstigen Alkohol findet man im Supermarkt der Marjane-Kette nicht. Es dauert eine Weile, bis ich wieder am Campingplatz ankomme.

Dort trauen sich einige sogar, in den Pool des Campingplatzes zu springen. Alle haben schon gegessen, mir aber eine Portion aufgehoben. Fabian hat auch mehrmals fein abgewaschen und so können wir pünktlich gegen 16:00 Uhr gemeinsam mit den „Freiburger Wüstenfüchsen" mit dem Taxi nach Marrakech zur Stadtbesichtigung fahren. In Marokko hat „Dacia" einen Deal gemacht, erfahren wir von unserem Taxifahrer, der erstaunlich gut Deutsch spricht. Wer sein altes Taxi verschrottet, bekommt umgerechnet 5.000 € als staatlichen Zuschuss beim Kauf eines „Dacia". Abwrackprämie auf marokkanisch! Die alten Daimlertaxis sollen langsam aus den vom Smog gebeutelten Großstädten verschwinden. So kommt es, dass wir jetzt in einem 6-sitzigen Dacia mit Schiebetür in die Innenstadt chauffiert werden, statt in dem erhofften, 30 Jahre alten W123 Mercedes. Kaum auf dem Markt angekommen, hat Heiko vom Team Freiburger Wüstenfüchse eine Schlange um den Hals gehängt bekommen. Eine nette Fotosession beginnt…

Allerdings ist die anschließende „Preisverhandlung“ mit dem Schlangenbändiger die Kehrseite der Medaille, denn die Jungs wollen natürlich in Euro bezahlt werden und das nicht zu knapp! Die beiden Freiburger nehmen es mit Humor und wir stellen fest, „lesson learned“! Ab jetzt sind wir auf der Hut, bleiben zusammen und lehnen derlei Offerten dankend ab.

Mitten im Marktgetümmel treffen wir noch andere Rallye-Teilnehmer und beschließen, uns den Trubel auf dem „Djemaa El Fna, dem Platz der Gehenkten" von einer der Dachterrassen anzuschauen. Gegen Bestellung eines Getränks erhalten wir Zutritt und können endlich unsere Speicherkarten mit den tollen Fotomotiven füllen. Im Anschluss suchen wir einen der vielen Marktstände in der „Fressmeile" auf, um uns zu stärken und sitzen noch in gemeinsamer Runde mit anderen Rallyeteilnehmern gemütlich beisammen. Danach geht es mit dem Taxi zurück zum Campingplatz. Wieder ein Dacia.

Tag 9 (2. Januar 2017) - Guelmin Fort Bou Jerif

Marrakech bis Guelmin (534 km / 4.369 km)

Um 04:30 Uhr weckt uns heute nicht der Muezzin mit dem Morgengebet, sondern der Wecker mit einem Alarmton. Zeitig aufstehen ist wichtig, denn es geht über den hohen Atlas an die Atlantikküste. Von Marrakech über Agadir, Tiznit und Guelmin führt uns die Route bis ins Fort Bou Jerif. Wir werden Florians Vorschlag für eine alternative Route annehmen und über die Passstraße bei Asni fahren. Auf dieser landschaftlich reizvollen Route werden wir ca. 9-10 Stunden unterwegs sein. Dabei sind Video- und Fotoshootings noch nicht mal eingerechnet. Auf alle Fälle gelingt uns und den Teams „Freiburger Wüstenfüchse", Harald & Claudia und Niklas & Juliane der pünktliche Start um 06:00 Uhr.

Einige Gespräche zur Optimierung und damit Erleichterung der Ausrüstung mit befreundeten Teams zahlen sich jetzt aus. Wir nutzen eine gemeinsame Kochgelegenheit. Der Gaskocher kommt bei Niklas & Juliane ins Auto, Harald & Claudia verstauen die große Gasflasche und wir packen das von Fabian steckbar konstruierte Kochergestell ein. Diese Arbeitsteilung führt auch dazu, dass für alle heißes Wasser für Tee oder Kaffee zur Verfügung steht, denn der Erste setzt früh morgens gleich den großen Topf mit Wasser auf. Die Fahrt beginnt in völliger Dunkelheit, doch wir bleiben in kleiner Kolonne zusammen und streben mit Höchstgeschwindigkeit dem Gebirge entgegen. Als wir die ersten Ausläufer erreicht haben, ist Fabian als Fahrer auch gefordert, denn in der Dunkelheit ist die Dorfbevölkerung, die ihrem Tagwerk entgegengeht, schlecht auszumachen. Auf alle Fälle macht es sich bezahlt, in neue Bremsscheiben investiert zu haben. An dieser Stelle auch nochmal herzlichen Dank an Werner, dass alles so gut funktioniert.

Als es dann richtig zur Sache geht, ist vollste Konzentration angesagt: Gas geben, Kuppeln, Bremsen und Schalten wechseln sich in rascher Folge ab und manchmal entwickelt das Heck eine gewisse beherrschbare Eigendynamik. Auf der Mitte der Strecke hält unser Konvoi an und wir treffen noch andere Teams. Da ein Teilnehmer heute Geburtstag hat, wird auf 1.500 m Höhe erst einmal dem Karl Erwin von allen zum Geburtstag gratuliert. Die Pause nutzen wir auch gleich zum Fahrerwechsel, denn schließlich bin ich ja auch dabei, um Spaß zu haben. Fabian muss sich erst kurz dran gewöhnen, dass er jetzt etwas näher am Abgrund sitzt. Ich empfehle ihm, einfach nur ruhig zu atmen und los geht es. Wirklich fein so ein Heckantrieb...

An einem Café (La Haute Vue) ziemlich weit oben auf dem Pass halten wir an, um Fotos zu machen und einen Kaffee zu trinken. Die Einheimischen sind sehr freundlich. Ein Händler bietet mir seine Waren zum Tausch an. Für mein ältestes Nokia und mein getragenes T-Shirt erhandele ich einen tollen Bergkristall. Den nehme ich in jedem Fall für meine liebe Frau mit. Ich hatte schon die ganze Zeit überlegt, was ich ihr mitbringen könnte. Auch Fabian investiert ein T-Shirt und eine Baseball-Cap in einen schönen Kristall. Der Händler ist sogar damit einverstanden, dass wir noch unseren Wegweiser aufbauen und alles im Video festhalten. Der Wegweiser von Malte dem Friseur begleitet uns ja nun bereits seit unserem Start in Deutschland und wird von uns immer bei besonderen Orten oder am Ende des Tages abgelichtet...

Danach geht es in rasanter Fahrt die kurvigen Serpentinen hinunter. In der Ebene übernimmt Fabian wieder das Steuer und ich kann mich so bereits während der Fahrt um die Dokumentation der tollen Erlebnisse kümmern. Die restliche Strecke führt durch flaches Land mit mehr oder weniger guten Straßen... Gegen 17:35 Uhr kommen wir nach einer Fahrtzeit von 8,5 Stunden auf dem Campingplatz "Fort Bou Jerif" an und haben heute wahnsinnig interessante 534 Kilometer durch das Atlasgebirge und die anschließende Ebene zurückgelegt.

Die letzten Kilometer „Piste" zum Campingplatz sind noch einmal fordernd. Die tief stehende Sonne blendet extrem und die vielen großen Steine und tiefen Senken erfordern höchste Konzentration. Ist das etwa schon die erst für morgen geplante Flussbettdurchfahrt? Nein, es ist die ganz normale Anfahrt, erfahren wir später. Ohne die Höherlegung des Autos hätten wir bereits hier schlechte Karten gehabt. Am Fort Bou Jerif angekommen wird schnell klar, dass unser hohes, billiges Tipizelt dem extremen Wind hier direkt an der Atlantikküste kaum Stand halten kann.

Wir nehmen daher das Angebot von Claudia dankend an, in einem der aufgebauten Beduinenzelte zu übernachten. Pro Schlafplatz belastet das die Reisekasse nur mit 4 € und ist vom Feeling einfach toll. Claudia und Harald sind bereits eingezogen, später kommen noch zwei Rallye-Teilnehmer, die ebenfalls dem Wind entfliehen wollen, dazu.

Wir packen nur die Schlafsäcke aus und gehen dann nach draußen in den heftigen Wind, um unser Zelt zu trocknen. Wir haben ja heute um 05:00 Uhr am frühen Morgen das Zelt mitsamt unseres

Kondensates eingepackt. Wir halten dann mit vereinten Kräften das Zelt einfach für 5 Minuten in den Wind und schon ist es wieder trocken. Kaum damit fertig ist es auch schon Zeit fürs Rallye-Briefing. Danach geht es ins Restaurant und bei Omelette und Rotwein haben wir mit dem „Onkel" und einigen anderen Rallyeteilnehmern noch jede Menge Spaß.

Das Fort wird durch ein Dieselaggregat mit Strom versorgt. Gegen 23:00 Uhr wird es abgeschaltet und damit auch die Zeltplatzbeleuchtung. Und dann ist er endlich in voller Pracht zu sehen: Der Sternenhimmel von Afrika! Ich stehe einfach nur lange im nun nachlassenden Wind da und genieße dieses unglaubliche Funkeln und Glitzern über mir. Die Nacht im Beduinenzelt war genau die richtige Entscheidung, hat man doch mit dem leichten Schlagen des dicken Zeltes über einem ein Gefühl der Geborgenheit im sonstigen Nichts der Wüste.

Tag 10 (3. Januar 2017) – Laayoune Le Camp Bédouin

Guelmin bis Laayoune (460 km / 4.829 km)

07:30 Uhr: In unserem Beduinenzelt kommt nur ein kleiner Lichtstrahl durch die aufgeschlagene Tür. Eigentlich könnte ich noch liegenbleiben, habe ich doch lange nicht so entspannt geschlafen. Ob es nun an der schön harten Matratze lag oder einfach nur an der langen Fahrt, wer weiß? Doch es ist Zeit aufzustehen, denn um 09:00 Uhr werden wir in Kolonne durch ein trockenes Flussbett fahren und mit diesem Highlight unsere heutige Tagesetappe beginnen. Doch bevor es losgeht, ist erst einmal ein gemeinsames Frühstück angesagt. Dann rasch die paar Sachen verstauen und zur Kolonne auffahren. Daran kann man sich gewöhnen, kein Zelt abbauen zu müssen. Jede Menge Fotos werden gemacht und Eiko, der uns heute vorausfährt, berichtet, dass sich die Abfahrt etwas verzögert, weil ausgerechnet das Filmteam einen platten Reifen hat. Die Durchfahrung des trockenen Flussbetts macht richtig

Spaß. Dank unseres Schiebedaches kann ich die Mitfahrer des kleinen Konvois aus unterschiedlichen Perspektiven aufs Video bannen. Einige andere Teilnehmer haben die Durchfahrung gestern mit Florian in umgekehrter Richtung gemacht. Als wir die Hauptstraße erreichen, geht es wieder individuell in kleinen Gruppen entlang der Atlantikküste in die Westsahara.

Guelmin - TanTan – Tarfaya - Laayoune sind heute die Orte, die auf unserer Route liegen. Ziel ist der Campingplatz „Le Camp Bedouin", der sich laut Florians Beschreibung in einer Senke versteckt. Doch bevor wir dort ankommen liegen noch ca. 410 km Fahrstrecke vor uns. Wir nutzen die letzte Möglichkeit, groß einzukaufen und steuern in Guelmin den Marjane Supermarkt an. Dort decken wir uns mit Wasser, Gemüse, Butter, Käse und Kaffee ein. Wir treffen auch andere Teams, die ebenfalls diese letzte Gelegenheit zum zivilisierten Einkauf nutzen. Bis Dakhla werden wir keine Gelegenheit dazu haben. Auf dem Parkplatz beim Wasserumfüllen erzählt mir Harald, dass sich seine 10 kg Gasflasche bei dem Stück offroad fahren wohl offenbar von selbst geöffnet hat (hier sind die zusätzlichen Schutzkappen zum Transport, wie in Deutschland vorgeschrieben, nicht vorhanden). Er bemerkte das erst, als es im Auto bereits heftig nach Gas roch. Bei dem Wind, der hier ständig weht, stellt die komplette Durchlüftung des Autos zum Glück kein Problem dar. Immerhin ist diese Gasflasche ja Teil unser Kochsymbiose...

Nachdem Fabian als verantwortlicher Staumeister alle Vorräte in der „Blauen Else" untergebracht hat, geht es in flotter Fahrt nach TanTan. Der Kreisverkehr an der Ortseinfahrt ist zweifelsohne das Highlight für alle Afrikafahrer. Die zwei sich gegenüberstehenden riesigen Kamele aus Beton sind ein willkommenes Fotomotiv, für das Mensch und Maschine in diversen Positionen aufgestellt werden. Was kostet eigentlich Parken im Kreisverkehr in Marokko? Keine Ahnung, aber jedes Team posiert und es wird fotografiert, was die Apparate hergeben. Herrlich...

In TanTan halten mehrere Teams an, um die lokale Gastronomie zu fördern. Heute bevorzugen wir mal einen Laden, der gebratene Hähnchen mit verschiedenen Salaten im Angebot hat. Ein Team aus Würzburg hat schon vorgekostet und wird gerade mit dem Essen fertig. Dankend nehmen wir auf den roten Plastikstühlen Platz und lassen es uns bei 21 Grad in der Sonne schmecken.

Anschließend geht es für rund 200 km immer geradeaus. Das Roadbook warnt vor Sandverwehungen in den Kurven - wie sich bei rascher Fahrt feststellen lässt, durchaus berechtigt.... Doch wenn man das Tempo etwas rausnimmt, sind auch diese Fahrsituationen gefahrlos zu meistern. Nächster Stopp ist der Ort Tarfaya, wo wir den Gedenkraum für den Schriftsteller Antoine de Saint-Exupéry besuchen wollen. Leider ist der Gedenkraum geschlossen, so bleibt nur ein kurzer Spaziergang an der Strandpromenade mit Besichtigung des Denkmals dieser Persönlichkeit.

Antoine Marie Jean-Baptiste Roger Vicomte de Saint-Exupéry war ein französischer Schriftsteller und Pilot. (Quelle: Wikipedia).

Nachdem Fabian zwei kleinen Jungs eine Mütze, ein Notizbuch und einen Kuli geschenkt hat, ziehen die beiden aufgeregt tuschelnd weiter.

Wir fahren noch zur Tankstelle des Ortes, um vom zollfreien Sprit zu profitieren und die Reisekasse zu entlasten. Für 320 Dirham (30,23 €) bekommen wir 40,4 Liter Diesel. Das macht 74 Cent für den Liter. Mit dem so gesparten Geld können wir heute Abend die von Florian wärmstens empfohlene Kamel-Tajine im Camp Bedouin refinanzieren. Der Tankvorgang an sich erinnert uns an einen klassischen Westernfilm. Eine Gestalt lungert kaum erkennbar im Schatten herum. Die Zapfpistole macht beim Herausnehmen aus der Zapfsäule keinen Mucks. Als wir uns bemerkbar machen, pfeift die dunkle Gestalt nach dem zweiten Mann. Der muss nämlich erst das Aggregat anwerfen, das die Pumpe der Zapfanlage mit Strom versorgt. Der Tankwart versucht „Smalltalk" mit uns, aber auch Fabian kann sein genuscheltes Französisch leider nicht mal ansatzweise verstehen. Wir interpretieren es als Interesse an unserem Weg und versuchen, es ihm mit Händen und Füßen zu erklären. Obwohl die Tankstelle abenteuerlich aussieht, kann ich mit Visacard bezahlen. Auch wenn ich dazu in ein Hinterzimmer gelotst werde und das Lesegerät aus einem Pappkarton gezaubert wird. Es funktioniert und dazu noch ohne Steuern!

Nur noch wenige Kilometer bis zum Campingplatz. Der Wegweiser zum Campingplatz ist uns noch eine Fotosession wert und nach ein paar Kilometern werden wir auf dem Campingplatz von Luc, dem Chef des „Camp Bedouin" empfangen.

Wir ordern gleich die empfohlene Kamel-Tajine und machen uns in bewährter Teamarbeit an den Zeltaufbau. Wir haben heute 460 km in 5:37 h zurückgelegt und wieder viele Eindrücke gewonnen. Nach dem heutigen Briefing wissen wir auch wieder mehr über die Westsahara und die politischen Zusammenhänge. Bis jetzt ist unsere „Blaue Else" sehr zuverlässig und wir sind dankbar, ohne Probleme schon so weit gekommen zu sein. Vor 10 Tagen und fast 5.000 km sind wir gestartet...

Tag 11 (4. Januar 2017) – Dakhla Camp Moussafir

Laayoune bis Dakhla (579 km / 5.408 km)

Um 06:30 Uhr ist heute aufstehen angesagt. Auf dem in einer Salzwüste gelegenen Camp gibt es zur morgendlichen Dusche nur kaltes, salzhaltiges Wasser, doch das stellt zumindest für mich kein Problem dar. Nach dieser morgendlichen Erfrischung wird als Erstes die Kamera für eine Zeitrafferaufnahme des Sonnenaufgangs klargemacht und dann das Kaffeewasser aufgesetzt. Die vergangene Nacht haben wir wieder in unserem Zelt geschlafen, das muss natürlich auch wieder abgebaut werden. Außerdem haben wir gestern Abend Sabine und Bodo vom Team "Reisen für Waisen" für 8 Uhr auf einen Kaffee eingeladen. Bis dahin hat Fabian auch alles in der „Blauen Else" verstaut und pünktlich um 08:30 Uhr drehe ich den Zündschlüssel, um unsere heutige Etappe von Laayoune über Boujdour nach Dakhla zum Campingplatz „Moussafir" mit dem ersten Fahrdienst zu beginnen.

Nachdem wir die gut 4 km Piste bis zur Straße zurückgelegt haben, sehen wir zwei Teams an der Hauptstraße stehen. Reifen platt! Sophy mit den roten Haaren ist gefahren, bekommt aber sofort Unterstützung von allen und nach 10 Minuten steigen auch wir wieder ins Auto. Damit habe ich auch eine Reifenpanne für die cineastische Umsetzung im Kasten!

Heute geht es durch die Westsahara und man merkt gleich beim ersten Checkpoint, dass die Kontrollen nun einen ernsteren Charakter haben. Wir müssen aus dem Auto aussteigen und die Nummer, die bei der Einreise in den Pass geschrieben wurde, auch auf dem Fiche notieren, den wir dann dem Chef de Control übergeben. Trotzdem fragt er nach cadeaux (Geschenken). Die Übergabe eines T- Shirts beendet dann die Kontrolle und wir können weiterfahren. War wohl Tagesform des Beamten. Laayoune sollen wir auf Empfehlung von Florian zügig durchfahren. Seine Erfahrung vergangener Rallyes ist, wenn es Probleme gab, dann in dieser

Stadt. Also fahre ich einfach auf direktem Weg durch die unerwartet große Stadt und Fabian macht ein paar Handyfotos.

Die heutigen gut 570 km führen ziemlich geradlinig parallel an der Atlantikküste entlang. Die fertig gebauten Geisterstädte links und rechts der gut ausgebauten Straße sollen laut Florians Vortrag gestern Abend die Gebietsansprüche von Marokko in diesem Gebiet manifestieren. Die Gegend hier ist reich an Bodenschätzen, unter anderem auch Phosphat. Dieser Rohstoff wird auch von Deutschland in großen Mengen importiert. Das ist sicher auch der Grund dafür, dass die Firma Siemens hier wohl vor über 40 Jahren das mit 40 km längste Förderband der Welt errichtet hat. Schade, dass ich meinen Firmenausweis nicht dabeihabe. Das wäre bestimmt ein lustiges Bild für den Urlaubsfotowettbewerb in der Firma gewesen. Aber ich posiere stattdessen mit Fabian und unserem Wegweiser vor dem in endloser Weite verschwindenden Förderband.

Ein paar Kilometer weiter bremse ich abrupt ab und halte auf dem Seitenstreifen, denn eine Kamelherde zieht geruhsam durch das steppenartige Gebiet. Diese Fotomotive kann ich mir einfach nicht entgehen lassen. Während ich ein paar Aufnahmen mache, erhandelt Fabian von einem plötzlich mit einem Pickup aus dem Nichts auftauchenden "Kameltreiber" im Austausch mit einer Cap eine kleine Flasche mit Kamelmilch.

Die schnurgerade, gut einsehbare Straße reizt die „Blaue Else“ natürlich, ihr Bestes zu geben. Macht sie auch, aber bei 171 km/h (laut GPS!) ist Schluss. Schnell fahren hilft gegen Langeweile und Müdigkeit - und macht Spaß! Ein Aufblitzen der Scheinwerfer eines entgegen kommenden LKW mahnt mich jedoch für die nächsten Kilometer, den Tacho und die zulässige Geschwindigkeit im Auge zu behalten und das zahlt sich aus! Die auf uns gerichtete Laserpistole und die enttäuscht schauenden Polizisten sind für uns ein Moment der Freude. Die Stellen, an denen die Polizei kontrolliert, sind weniger der Erhöhung der Verkehrssicherheit als vielmehr der Auffüllung der Staatsfinanzen geschuldet.

Gegen 12:30 Uhr kommen wir durch die Stadt Boujdour und suchen uns ein gemütliches Plätzchen im Halbschatten mit Blick auf das Meer. Nach einiger Zeit suchenden Umherfahrens parken wir auf der Terrasse eines verlassenen Gebäudes, das früher wohl zum Fischereiministerium gehörte. Der Deckel der Kühlbox dient uns als Tisch und Brötchen mit Tomaten, Zwiebeln, Oliven, Datteln, Käse und Thunfisch sorgen für ein leckeres Mittagessen, weitab vom Trubel der Stadt. Vom Meer kommt eine kühle Brise salzhaltiger Luft und so verweilen wir satt und mit uns zufrieden an diesem Ort, bis der Zeitplan zur Weiterfahrt mahnt.

200 km vorm Tagesziel machen wir Halt an einem Imbiss und genehmigen uns einen Tee. Während unserer Teezeremonie beobachten wir die auf der Straße vorbei rauschenden Rallye-Teilnehmer. Das Team „Kettenbriefunterbrecher" ist auch dabei. Andreas fotografiert, der Onkel (Christian) passt auf.

Die beiden hatten gestern einen Defekt am Domlager, doch Eiko, der Afrika erprobte Mechaniker-Meister, konnte dies in 10 Minuten reparieren. Nur musste „Der Onkel", (mit richtigem Namen Christian) zwei Stunden in der afrikanischen Nacht fahren und das ist schon sehr anstrengend...

Damit wir nicht ebenfalls erst in der Dunkelheit ankommen, gibt Fabian jetzt Gas und wir unterbrechen die Fahrt nur noch einmal, um der „Blauen Else“ ihr Lebenselixier in Form von Diesel (heißt hier Gasoil 50) zukommen zu lassen.

Gegen 16:55 Uhr kommen wir nach 579 Kilometern und 8,5 Stunden Fahrzeit am Campingplatz Moussafir an und haben uns damit den nächsten „Jour de repos" im Kite- und Surferparadies auf der Halbinsel Dakhla mehr als verdient. Nach einem Wiedersehensbier von den „Freiburger Wüstenfüchsen" bauen wir rasch unser Zelt auf und ich beginne damit, ein leckeres Essen für mindestens 4 Leute zuzubereiten. Heute haben wir die „Freiburger

Wüstenfüchse" zum Essen eingeladen... Dafür steuern Heiko & Stefan leckere Sachen aus ihren Wein- und Biervorräten bei.

Tag 12 (5. Januar 2017) - Dakhla CampMoussafir

Jour de repos in Dakhla (39 km/ 5.447 km)

Um 07:30 Uhr ist am Ruhetag die Nacht für mich vorbei. Drei Tage in Bewegung und ohne Datensicherung, da werde ich als Videograph unruhig. Also nutze ich die Morgendämmerung und verteile mit Hilfe meines MacBook Air die Videoschätze auf mehrere USB-Sticks. Sicher ist sicher! Auf dem kleinen Gaskocher wird schon das Kaffeewasser heiß und langsam kommt Leben ins Camp. Als Florian mit frischen Baguettes die Runde macht, werfe ich den großen 2-Flammen-Kocher der "Freiburger Wüstenfüchse" an und mache uns noch schnell ein leckeres Rührei. Da heute erst um 09:30 Uhr das Rallye-Briefing stattfindet, lassen wir es gemütlich angehen und genießen das gemeinsame Frühstück mit Blick aufs Meer. Es ist angenehm warm und auch nicht windig.

Pünktlich um 09:30 Uhr klappert Florian mit seinem Kochtopf, das Signal, sich zum Briefing im Halbkreis um ihn zu scharen. Heute ist es ganz wichtig, dass wir uns von allem unnötigen Ballast befreien. Denn morgen geht es sehr früh zum Grenzübergang nach Mauretanien. Auf den dann folgenden, sandigen Etappen ist es wichtig, so wenig Gewicht wie möglich im Auto zu haben. Obwohl das beim Vorbereitungstreffen alles schon so von Florian angesagt wurde, ist es interessant, welche Haushaltsauflösungen jetzt bei den einzelnen Teams stattfinden. Ganze Berge mit Bekleidung, Zelten, Kochlöffeln, Werkzeugen, Spülmittel, Alufolie, Spülschwämme, Bierdeckel, Tischdecken, Zeltplanen, Zeltstangen, Autoteilen und sonstige Dinge stapeln sich in der Mitte unseres Camps. Fazit der Aktion: Man hätte sich vor der Reise mit anderen Teams austauschen sollen, um doppelte und dreifache Ausrüstungsteile nicht über 6.000 km durch halb Europa zu fahren... Der

Campingplatz-Hoschi* wird hergebeten und wirft einen Blick auf das Angebot unseres Flohmarktes. Nun beginnt das Feilschen und Handeln wie auf einem orientalischen Basar. Denn jeder will noch ein paar Dirham für den guten Zweck rausschlagen, die in die von Helder (Team „Lahme Enten“) gestiftete Spendendose wandern sollen. Diese Spendendose wird dann der AEPN Mauretanienhilfe e. V. übergeben.

*Hoschi: ja, was ist eigentlich ein Hoschi? Nach unserem Verständnis steht die Bezeichnung in des Cheforganisators Sprachgebrauch für jemanden, der uns irgendwie nützlich sein könnte und zwar vornehmlich in den durchfahrenen Ländern. Eine andere Interpretation findet sich im Internet: "*ein Hoschi ist jemand, der die Drecksarbeit verrichten muss und nicht viel Ahnung hat oder haben muss*" [Quelle: www.mundmische.de]. So, jetzt ist das also auch geklärt.

Zweites Thema der Ansage von Florian ist die Besorgung der letzten frischen Lebensmittel für die bevorstehenden 3 Tage in der Wüste ohne jede Versorgungsmöglichkeit. Diese kaufen wir nach dem Briefing im Markt in Dakhla ein. Die Markthalle an sich ist für alle richtig großes Kino. Von frischem Fisch jeder Größe über Obst, Gemüse, Eier, Hühner, riesige Truthähne, Kamelhälften und sonstige Dinge ist hier alles in einer Markthalle für kleines Geld zu erwerben. Wir machen zuerst einen Rundgang durch alle Gänge, um uns einen Überblick zu verschaffen. Nur Bier, Wein, vernünftigen Käse und natürlich Schweinefleisch sucht man hier vergebens. Aber das haben wir ja in der „Blauen Else“ unterflur gebunkert.

Nach dem Rundgang kaufen wir Eier, 3 große Doraden, Zwiebeln, Möhren, Paprika, natürlich Knoblauch, Brot und Wasser und sind damit bestens für das abendliche gemeinsame Grillen gerüstet. Wir werden uns ein Gemüse-Ratatouille mit gegrillter Dorade gönnen. Für den Freiburger Stefan nehmen wir noch ein paar frisch vom Stück abgeschnittene Putensteaks mit. Ich wusste gar nicht, wie groß so ein Puter ist...

Auf dem Rückweg zum Campingplatz mache ich mit Fabian einen Abstecher zu „Abdis Garage", wo noch einige Autos wüstentauglich gemacht werden. Die original marokkanische Werkstatt macht einen urigen Eindruck, die Mechaniker aber offensichtlich einen guten Job.

Morgen geht es dann zeitig in der Frühe auf nach Mauretanien. Von da aus werden wir sicher nur ab und an zeitnah online berichten können. Aber selbstverständlich werden wir unsere Eindrücke festhalten.

Am Abend gibt es nochmal eine klare Einweisung für den morgigen Tag. Für die Anfahrt bis zur Grenze, die Ausreise aus Marokko und die Einreise nach Mauretanien ist mit etwa 320 km zu rechnen, was uns mit allen Formalitäten ca. 12 Stunden beschäftigen wird, erfahren wir. Um die Anspannung von den Teilnehmern zu nehmen, hat Florian einen großen Holzkohlegrill angeheizt, auf dem jeder seine Fische, Kamelfleischstücke oder Geflügelteile grillen kann. Die überschüssigen Alkoholvorräte müssen auch noch aufgebraucht werden, damit es morgen bei der Einreise nach Mauretanien nicht zu Schwierigkeiten mit dem Zoll kommt. Unseren Reisebericht werden wir natürlich fortführen. Mangels Internet in Mauretanien kann es aber durchaus zu Verzögerungen bei der Übermittlung kommen, so der Eintrag in unserem Blog.

Am Abend gibt es nochmal eine klare Einweisung für den morgigen Tag. Für die Anfahrt bis zur Grenze, die Ausreise aus Marokko und die Einreise nach Mauretanien ist mit etwa 320 km zu rechnen, was uns mit allen Formalitäten ca. 12 Stunden beschäftigen wird, erfahren wir. Um die Anspannung von den Teilnehmern zu nehmen, hat Florian einen großen Holzkohlegrill angeheizt, auf dem jeder seine Fische, Kamelfleischstücke oder Geflügelteile grillen kann. Die überschüssigen Alkoholvorräte müssen auch noch aufgebraucht werden, damit es morgen bei der Einreise nach Mauretanien nicht zu Schwierigkeiten mit dem Zoll kommt. Unseren Reisebericht werden wir natürlich fortführen. Mangels Internet in Mauretanien kann es aber durchaus zu Verzögerungen bei der Übermittlung kommen, so der Eintrag in unserem Blog. Ich schieße noch ein Bild vom Supermechaniker Eiko in seiner Arbeitskleidung. Der original Mercedes Benz-Meisterkittel ist übrigens ein Geschenk von Heiko (Team „Freiburger Wüstenfüchse"), der im normalen Leben dem Autohaus Santo in Freiburg vorsteht.

Tag 13 (6. Januar 2017) – NouadhibouVilla Maguela

Dakhla bis Nouadhibou (440 km / 5.887 km)

Um 05:10 Uhr gibt der Wecker nur einen kurzen Alarmton ab, dann verstummt er auch schon durch meine schnelle Reaktion und ich schalte ihn ganz aus. Das Camp ist noch still, nur der morgendliche Wind lässt unser Zelt lautstark rascheln. Die heutige Strecke mit einer Länge von ca. 440 km führt uns von Dakhla, über Guergarat durch die Westsahara nach Nouadhibou im Wüstenstaat Mauretanien.

Mauretanien gehört zu den ärmsten Ländern der Welt und in vielen Gesprächen mit Rallyeteilnehmern konnte ich meine Meinung bestätigt sehen, dass es für uns Wohlstand gewohnte Europäer durchaus hilfreich sein kann, das Gefälle des Wohlstands mit eigenen Augen zu sehen und vor allem zu erleben. Ein kleiner Vorgeschmack waren da bereits die sanitären Einrichtungen auf unserem letzten Campingplatz, die mittels eines Wasserwagens mit Wasser zum Duschen versorgt werden. Wenn der Wasserwagen ausbleibt, fließt auch kein lauwarmes Wasser aus den rostigen Wasserhähnen. Ist Wasser im Hochbehälter, dann ist es nur zum Waschen und zur Toilettenspülung geeignet, aber nicht zum Trinken. Manchmal sind es genau die für uns selbstverständlichen Dinge, die uns im Alltag überhaupt nicht mehr bewusst werden und die wir nach unserer Rückkehr sicher wieder mehr schätzen werden! Auf alle Fälle werden die nächsten Tage in Mauretanien spannend.

Im Schein der Gaslaterne trinken wir noch gemütlich einen Kaffee und packen dann die restlichen Sachen in die „Blaue Else". Auch wir haben uns ja gestern von einigen mittlerweile redundant vorhandenen Ausrüstungsgegenständen getrennt. Staumeister Fabian hat also heute einen etwas leichteren Job. Es ist immer noch dunkel, als wir um 06:20 Uhr mit leise tuckerndem Motor zur Ausfahrt des Campingplatzes rollen, um dann als fünftes Fahrzeug in der Kolonne unseren Platz einzunehmen. Nach und nach wird der Lindwurm hinter uns immer länger und die restlichen Teams nehmen Aufstellung. Pünktlich um 07:00 Uhr setzt sich Ole aus Norwegen mit seinem Mercedes-Benz Bus als von Florian auserkorenem Führungsfahrzeug in Bewegung. Mit 80 km/h (mehr ist mit dem Bus nicht mehr drin) wird Ole die nächsten Kilometer die Führungsaufgabe zuteil. Nach gut 30 km verlassen wir die Halbinsel Dakhla und an der zweiten Kontrollstelle erreichen wir wieder den Sahara-Highway. Ab hier heißt es, mehr oder weniger, Vollgas fahren, denn zu sehen gibt es nicht viel und für die nächsten 275 km darf jeder wieder allein sein Tempo bestimmen.

Nach dieser Fahrtstrecke werden wir an der Tankstelle etwa 70 km vor der Grenze bei Barbas unsere Treibstoffvorräte ergänzen und ab dann weiter im Konvoi zur marokkanisch/mauretanischen Grenze in den Ausreise-Kontrollbereich fahren.

Als wir nach zügiger Fahrt mit 178 km/h in der Spitze als erstes Team die letzte Tankstelle vor der Grenze erreichen, wird es für mich Zeit, sehr fix eine Toilette zu finden. Daher auch das vorgelegte Tempo... Fabian tankt die „Blaue Else“ voll und fährt dann, wie beim Briefing festgelegt, in den Aufstellraum neben der Tankstelle. Hier warten wir, bis alle Teams getankt haben und vor allem auf Eiko mit dem Werkstattauto, der als Besenwagen dem Tross signalisiert: keiner liegengeblieben! Die ganze Aktion, 30 Autos zu tanken, zieht sich etwas und wir nutzen die Gelegenheit, noch einen Kaffee zu trinken und uns mit den anderen Rallyeteilnehmern zu unterhalten. Endlich rollt Eikos weißer W124-Kombi an die Tanksäule, aber seine Warnblinkanlage verheißt nichts Gutes! An dem langen Abschleppseil hängt das Auto des Teams „Reisen für Waisen". Ein kapitaler Motorschaden, verursacht durch ein gebrochenes Pleuel, hat dem Motor des Benz den Garaus gemacht. Dagegen ist die komplett abgerissene Auspuffanlage von Florians weißem 190er ein eher verschmerzbarer Verlust. Außerdem hört man jetzt durch den neuen Auspuffsound immer, wenn unser Guide wie ein besorgter Hütehund die Herde umkreist. Unser aller Mitgefühl ist in jedem Fall bei Sabine & Bodo, die heute Abend auf dem Campingplatz auf andere Autos aufgeteilt werden. Bis dahin werden sie in ihrem Auto von Eiko geschleppt. A pro pos Abschleppen: unsere bisherigen Erfahrungen mit Abschleppaktionen gaben uns eher ein gemischtes Gefühl. Viel Stress durch das kurze Abschleppseil und mangelnde Erfahrung, häufiges Durchhängen und wieder Anrucken bei Straffung des Seils... Hier wird afrikanisch geschleppt, haben wir gelernt. Man verbindet 2 Abschleppseile, wovon das eine idealerweise eins für LKW in flacher Ausführung ist. Wenn man das dann auch noch so 20-30x eindreht, ist die ganze Chose elastischer, ruckt weniger und erzeugt dadurch kaum Hektik. So schleppt Eiko jedes Auto, gern auch mit über 100 km/h.

11:45 Uhr, Ankunft an der marokkanischen Grenze, ab jetzt ist Geduld gefragt. Die Ausreiseformalitäten gestalten sich nicht ganz so wie von Florian angekündigt, doch die gesamte Truppe nimmt es mit Humor und arbeitet konzentriert die unterschiedlichen Schalterbaracken der Grenzabfertigung ab. Irgendwann scheint die Lust der marokkanischen Grenzbeamten zu erlahmen, denn wir werden plötzlich komplett durchgewunken. Um 12:35 Uhr verlassen wir marokkanischen Boden, sammeln uns, den vielen winkenden Händen uniformierter Hochoffizieller folgend, hinter der Grenze und warten auf die restlichen Fahrzeuge, bis wir komplett sind. Dann fahren wir in der prallen Mittagshitze durch das Niemandsland. Schwankend und schaukelnd bahnt sich die Karawane der alten Fahrzeuge den Weg durch diesen, von Autowracks gesäumten und zwielichtigen Gestalten besetzten, rechtsfreien Raum. Interessant auch die Sandsack-bewehrte Stellung eines bewaffneten Pickups der Saharouis (komisch, was ist das denn jetzt für eine

Flagge...) Aber ganz in der Nähe steht auf einer Anhöhe ein Jeep der UN, vermutlich um aufzupassen, dass sich hier die beteiligten Interessengruppen nichts tun.

13:10 Uhr: Mauretanische Grenze. Wir stehen in Dreierreihen in den verriegelten Autos und gucken stumm vor uns hin, als Geldwechsler, Telefonkartenverkäufer und sonstige Gestalten uns ihre Offerten machen. In dieser, an einen orientalischen Basar erinnernden Stimmung, erhebt sogar hier zwischen den Grenzen der Muezzin seine wehklagende Stimme zum Mittagsgebet aus dem Lautsprecher. Und zwar nicht nur, um die Gläubigen einladend zu sich zu rufen, sondern die gesamte Predigt lautstark eine halbe Stunde lang zum Besten zu geben. Afrika, jetzt sind wir angekommen…

13:30 Uhr, ein Karton mit kühlen Getränken macht die Runde. Eine kleine Aufmerksamkeit von Florian, um die Stimmung zu heben.

14:00 Uhr, ich wache kurz auf, der Muezzin hat gerade seine Predigt beendet.

14:30 Uhr, wir sitzen in unseren Autos und warten…

15:30 Uhr, das erste Glas Leberwurst und 2 Dosen Thunfisch zum trockenen Baguette sind alle. Wir setzen unser professionelles Warten fort. Immerhin haben wohl schon fünf Teilnehmer ein Visum bekommen. Aber dann ist der Server abgestürzt und die Internetverbindung ist angeblich auch gestört. Da man jedoch bei der Einreise fotografiert wird und dieses Bild in den Pass geklebt werden muss, kann es wohl noch etwas dauern, bis alle Teilnehmer abgefertigt sind. Und das ist nur das Einreisevisum - die Zollabfertigung wartet auch noch auf unseren Tross… Herr, gib uns Gelassenheit, die Dinge zu ertragen, die wir nicht ändern können…

15:50 Uhr, plötzlich ändern sich die Regeln des merkwürdigen Spiels. Florian und Eiko flitzen jetzt mit einem Körbchen umher und sammeln alle Reisepässe ein.

16:02 Uhr, wir sollen die Motoren anlassen. In kleinen Schritten rücken wir in den Grenzabfertigungsbereich vor. Vier Grenzer umringen das Auto von Niklas & Juliane, unseren jüngsten Teilnehmern. Wir sind acht Autos dahinter und üben uns in Geduld.

16:06 Uhr, wir rücken vor. Nachdem einer der vier Grenzer unser Kennzeichen auf der Liste gefunden hat, dürfen wir das Grenztor durchfahren. Nach der Grenze fahren wir wieder alle rechts an den Fahrbahnrand und Florian erläutert uns die geänderten Spielregeln.

Wir müssen jetzt alle im Konvoi die etwa 70 km zum Flughafen nach Nouadhibou fahren und uns an der offenbar dort noch funktionierenden Registrierungsmaschine fotografieren lassen, um das Einreisevisum für Mauretanien zu erhalten. Unser Konvoi hat jetzt auch Begleitschutz in Form von zwei Pickups, die mit jeweils vier bewaffneten Soldaten auf der Ladefläche dafür sorgen, dass uns nichts passiert. In der Stadt sollen wir dann auch die Warnblinkanlage einschalten, damit man erkennt, dass wir zusammengehören. Also fahren wir erstmal vogelfrei durch Mauretanien und unsere

Pässe und Fahrzeugscheine schaukeln auf irgendeinem mauretanischen Pickup mit...

Nach einiger Zeit Fahrt sehen wir sogar den kilometerlangen Erzzug auf der rechten Seite vorüberziehen. In der Regel haben die Züge eine Länge von bis zu 2,5 km und transportieren Eisenerz aus den Minen von Zouérat über eine Strecke von knapp 700 km zum Atlantikhafen von Nouadhibou.

Der einzige Bahnübergang, den wir überqueren müssen, ist jedoch zur Weiterfahrt bereits geöffnet, da wir offenbar nur das Ende des Zuges erwischt haben. Schade, hier hätte ein kleiner Stopp dem Eisenbahnmenschen in mir doch gutgetan. Wenig später kommen die ersten mauretanischen Kamele am Straßenrand in den Blick. Scheinen irgendwie dünner zu sein als in Marokko.

17:23 Uhr, wir erreichen den Flughafen von Nouadhibou und parken auf einem unbefestigten Parkplatz gegenüber des alten Flughafen-Towers. Unsere mit Kalaschnikow-Sturmgewehren bewaffneten Begleiter nehmen im Karree Aufstellung und wir warten, bis Florian die Formalitäten geklärt hat. Hier stößt auch Gerit zu unserer buntgemischten Truppe, die aus Deutschland hinter uns hergeflogen ist. Sie betreut die AEPN Mauretanienhilfe e. V. von München aus und begleitet fast jede Rallye.

Während wir noch auf Florian warten, gibt Fabian schon einmal einen Zwischenkilometerstand bekannt. Bis zu diesem Flughafen hat uns die „Blaue Else" nunmehr 5.866 km von Europa bis nach Nouadhibou in Mauretanien gebracht. Bisher völlig ohne Probleme.

Zwischendurch ruft auch hier der Muezzin die islamischen Gläubigen zum Gebet. 18:50 Uhr, wir stehen in Grüppchen vor dem Flughafen und Florian kommt mit einem sehr wichtig aussehenden Beamten, der alle unsere Pässe in einem Körbchen vor sich herträgt. Dann werden zehn Namen aufgerufen und die erste Gruppe darf am Einreiseschalter des Flughafens das Gesicht in die Kamera halten. Die Visa-Formalitäten ziehen sich schließlich bis 20:40 Uhr hin. In zwei Gruppen absolvieren wir den Weg zu unserem heutigen Etappenziel. In einer abenteuerlichen Fahrt durch das ziemlich dunkle Nouadhibou erreichen wir nach ca. 14 km Fahrt endlich unsere Unterkunft „Villa Maguela, Cabano 3" direkt am Wasser bei Pointe de l'Etoile in der Nähe von Nouadhibou. Trotz stockdunklem Abend ist Straßenbeleuchtung rar und Licht an den Fahrzeugen im Verkehr eher optional...

Schnell das Zelt aufbauen und dann endlich Abendbrot essen sind unsere einzigen Wünsche zum Abschluss dieses langen Tages, der irgendwie anders war.

Auf dem Campground erwarten uns Fred & Isa, ein französisches Ehepaar, das ihr Anwesen für zwei Tage der Rallye „Dust and Diesel“ als Quartier zur Verfügung stellt. Die beiden sind künstlerisch tätig, haben das mit hohen Mauern begrenzte, großzügige Anwesen gepachtet und unterstützen humanitäre Projekte, wie zum Beispiel die Beherbergung der über 60 Rallye-Teilnehmer von „Dust and Diesel". Der harte Boden fordert nochmal alles von uns, die Häringe halten nicht. Sogar die von Schlossermeister Stefan gesponserten Häringe aus massivem Baustahl kloppen wir krumm, so dass wir uns von einer kleinen Baustelle im Innenhof schwere Steine zur Beschwerung unserer Zeltverankerungen „ausborgen". Und das alles im Schein der Stirnleuchte nach 16 Stunden auf den Beinen... Das späte Abendessen müssen wir heute nicht selbst zubereiten. Für die beiden Tage in der Villa Maguela bekommen wir gegen einen fairen Obolus Halbpension geliefert. Das hat der Florian prima organisiert. Gegessen wird dann in kleinen Gruppen im Wohnhaus unserer Gastgeber. Wir nehmen unser Abendessen sozusagen im Wohnzimmer von Fred & Isa ein, dürfen uns auf dem gesamten Anwesen umschauen und auch jederzeit den Blick von der Dachterrasse genießen.

Nach dem Essen sind wir alle hinreichend geschafft, doch Florian und Gerit schonen uns nicht. Es gibt noch ein spätabendliches Briefing mit den Tagesordnungspunkten des nächsten Tages, dann gehen wir in unseren Zelten schlafen. Morgen wird wieder ein langer Tag mit vielen Aktivitäten, aber wir freuen uns darauf.

Tag 14 (7. Januar 2017) – NouadhibouVilla Maguela

Nouadhibou (volles Programm, 63 km / 5.950 km)

Um 06:00 Uhr stehen wir auf und bereiten uns auf einen abwechslungsreichen Tag vor. Beim Anstehen vor den wenigen Toiletten und Duschen gibt es die Möglichkeit für interessante Gespräche mit den anderen Rallyeteilnehmern. Unsere große Gruppe von fast 65 Menschen wächst immer mehr zusammen und der Umgang miteinander ist meist von Höflichkeit und Hilfsbereitschaft geprägt.

Um 08:00 Uhr nehmen wir unser Frühstück wieder im Wohnzimmer von Isa und Fred ein. Danach erkunde ich mit der Kamera das tolle, direkt am Meer gelegene Anwesen.

Kurz vor der Abfahrt zum Kinderhaus der AEPN Mauretanienhilfe e. V. in Nouadhibou sammelt Gerit noch alle mitgebrachten Sachspenden ein. Ich stehe mit der Kamera in der kleinen Kammer, in der Gerit die Spenden entgegennimmt. Sogar alte Pullover und getragene T-Shirts helfen hier den Ärmsten der Armen. Obwohl mich das schlechte Gewissen plagt, getragene Bekleidung ungewaschen in diese Sammlung zu geben, meint Gerit, für die Menschen hier sei das immer noch besser als nichts.

Um 09:30 Uhr ist Abfahrt zum AEPN Kinderhaus. Fabian hat das Auto vollständig ausgeräumt, damit wir heute noch drei „Taxigäste" mitnehmen können. So nehmen Bine, Bernhard und sein Vater Eberhard in der „Blauen Else“ Platz, weil nach Florians Ansage am Kinderhaus nicht genug Platz für alle 30 Autos der Rallye ist.

Nach wenigen Kilometern Kolonnenfahrt von unserem wunderbaren Refugium am Meer ins graue, staubige, nicht sehr ansprechende Nouadhibou, parken wir vor dem rosa angestrichenen, „Maison rose" genannten Kinderhaus der AEPN. Es sticht aus der grauen Umgebung stark hervor.

Mit Unterstützung eines lokalen Projektpartners steht die Kindertagesstätte ca. 75 Kindern im Alter von 3 bis 14 Jahren zur Verfügung. Für die Kinder gibt es warme Mahlzeiten, Kleidung und eine fürsorgliche Betreuung durch die dort arbeitenden Erzieherinnen. Eine Krankenschwester kümmert sich um die medizinische Versorgung der Kinder und betreut parallel dazu schwangere Frauen im umliegenden Viertel. An den Nachmittagen finden neben Französisch-, Arabisch- und Mathematikunterricht auch Musik-, Sport- und Bastelkurse für die Kinder statt. Die Baukosten des Hauses betrugen ca. 80.000 €.

Mit dem Erlös, der durch den Autoverkauf der Dezember- und Mairallye erzielt wird, kann der Betrieb des Kinderhauses für jeweils ein Jahr sichergestellt werden. Als wir am AEPN Kinderhaus ankommen, spielen die Jungen auf dem Sandplatz vor dem rosa

Haus Fußball und die Mädchen schauen zu. Das dient sozusagen der Völkerverständigung, denn die Kleinsten müssen erstmal etwas warm werden. Schnell ist jedoch jeder Rallyeteilnehmer, der eine Kamera in der Hand hat, von Kindern umringt, die alle in den unterschiedlichsten Posen fotografiert werden möchten. Nach einer kurzen Erläuterung von Gerit können wir uns das Haus auch von innen anschauen und selbst erfahren, wie die Betreuung organisiert ist.

Im Innenhof des Hauses sind die Matratzen der Kinder als Sitzgelegenheit für uns Gäste ausgelegt. Marie-Ange, die frankokanadische Leiterin der Einrichtung begrüßt uns Rallyeteilnehmer und stellt auf Englisch die Arbeit der AEPN Mauretanienhilfe e. V. und das Kinderhausprojekt vor.

Eine Band von drei jungen afrikanischen Musikern begleitet die Kinder nach dieser Rede bei der Darbietung der extra für uns einstudierten Lieder. Spätestens an dieser Stelle ist das Eis gebrochen, bei den Kleinen und auch bei den großen Gästen. Manchen Rallyeteilnehmern sieht man die emotionale Ergriffenheit über diese Gastfreundschaft deutlich an und vielen kommen automatisch Tränen der Rührung und Ergriffenheit in die Augen. Wenn man über ein Jahr lang so eine Fahrt vorbereitet und dann selbst vor genau diesem Haus steht, das man bisher nur von Bildern und Filmen kennt, ist das schon ein besonderer Augenblick.

Die drei Musiker haben extra für die „Dust and Diesel"-Rallye einen Song komponiert und wir Rallyeteilnehmer singen lautstark den Refrain mit. Es herrscht eine sehr schöne Stimmung und ich glaube, viele wissen in diesem Moment, warum sie eigentlich losgefahren sind. Nach einigen Stunden mit den Kindern und Betreuern steht der nächste Programmpunkt des Tages an. Wir fahren zunächst zurück zur Villa Maguela und nach einer kurzen Pause geht es mit etwa 25 Interessierten zu einer in der Nähe gelegenen Austernfarm. Direkt am Strand steht eine Art Hotelruine. Den Investoren eines geplanten, kleinen Luxushotels ging nach verweigerter Baugenehmigung offensichtlich die Puste aus. Es war wohl nicht die beste Idee, im Naturschutzgebiet ohne Genehmigung mit dem Bau zu beginnen. Der Rohbau wurde dann nach einiger Zeit Leerstand von einer Art „Start up-Unternehmen" okkupiert, um eine Austernzucht aufzuziehen. Der junge, mauretanische Unternehmer erklärt die Austernzucht sehr ausführlich auf Französisch, Gerit übersetzt. Anschließend dürfen wir die von Fred bereits fachgerecht geöffneten Austern kosten. Fabian und ich schaffen vier Stück der von unserem ausgewiesenen Austernkenner und Ford Maverick-Lenker Martin mit „ausgezeichneter Qualität" eingestuften Meerestiere. Ob das jetzt mein Leibgericht wird, sei mal dahingestellt. Aber günstiger und frischer als hier werden wir wahrscheinlich nie wieder Austern essen können. Noch dazu direkt am Atlantik bei angenehmen 22 Grad im Januar...

Nach dem Besuch der Austernfarm fahren wir zum Camp zurück. Die knappe freie Stunde bis zum nächsten Programmpunkt des Tages nutze ich, um zwei Postkarten mit Motiven aus Mauretanien nach Deutschland zu schicken. Dieser Service mit Karte, Umschlag sowie Briefmarke inklusive Transport zur Post wird von unseren Gastgebern gegen ein recht geringes Entgelt zur Verfügung gestellt. Gegen 15:00 Uhr geht es dann ins Stadion, wo ein Fußballspiel „Locals" gegen „Dust and Diesel" stattfindet. Trotz lautstarker Unterstützung von allen Teilnehmern gelingt es unserer Mannschaft mit einem Ergebnis von 1:6 leider (mal wieder) nicht, den von Florian gestifteten Pokal mit nach Hause zu nehmen. Auch die „La ola"-Welle der zuschauenden Rallyeteilnehmer kann daran nichts ändern. Verdammt groß, so ein Kunstrasenfeld... Nach dem Fußballspiel tritt eine gemischte Mannschaft von uns noch im Basketball an. Trotz Fairplay der mauretanischen Basketballmanschaft hatten wir auch hier keine Chance, den Pokal nach Deutschland zu bringen. Die gemischte mauretanische Basketballmannschaft ist ein Beispiel für den langsamen Fortschritt im Land. Die jungen, ausnahmslos hübschen Sportlerinnen dürfen Basketball als einzige Sportart unverschleiert ausüben und das Spiel ist von der gleichen Unbekümmertheit zwischen Mädchen und Jungen geprägt wie bei uns.

Nach diesen Freundschaftsspielen geht es im Autokorso zurück zu unserer Unterkunft in der Villa Maguela. Es erwartet uns wieder ein leckeres Abendessen von Isa und Fred im Wohnzimmer und im Anschluss ist nochmal Stimmung angesagt. Unsere neun weiblichen Teilnehmerinnen bekommen original mauretanische Kleider geschenkt und die Erzieherinnen aus dem Kinderhaus helfen ihnen beim Anlegen der großen, bunten Tücher. Auch unsere Organisatoren Gerit und Florian werden landestypisch ausstaffiert. Dieser farbenfrohe Anblick fordert eine Fotosession geradezu heraus und alle haben viel Spaß. Mit afrikanischer Musik der ebenfalls eingeladenen Musiker, die bereits am Nachmittag die Kinder mit Gitarren und Keyboard begleiteten, wird bis in den späten Abend getanzt und geklatscht.

Es war ein toller Tag mit unheimlich vielen Eindrücken und Emotionen, dass ich denke, für heute ist es genug des Berichtens...

Tag 15 (8. Januar 2017) - Wüstencamp

Nouadhibou - Wüstencamp (302 km / 6.252 km)

Um 06:30 Uhr lässt uns der Ruf des Muezzins eh nicht mehr schlafen und wir brechen unsere Zelte hier auf dem Campground ab, aber nicht ohne zuvor noch eine Dusche zu nehmen. Gegen 08:00 Uhr nehmen wir das aus drei Scheiben Brot, Marmelade, Joghurt, Käse, Apfelsine, Saft, einer Wasserflasche und Kaffee bestehende, bereitgestellte Frühstück mit Blick auf das leicht bewegte Meer zu uns. Die kleinen Wasserflaschen werden, nachdem sie von uns ausgetrunken wurden, sorgfältig getrocknet. Ich habe ja von meiner Kollegin Desirée den Auftrag bekommen, Wüstensand mitzubringen. Die mit arabischer Schrift versehenen Behältnisse eignen sich somit vorzüglich, um den „Auftrag" ordnungsgemäß und mit gewissem Stil zu erfüllen.

Pünktlich um 09:00 Uhr gibt Florian das Startsignal und die ersten 160 km Straßenpiste im Konvoi liegen vor uns. Danach geht es mit auf 1 bar abgesenkten Reifendruck in das endlose Nichts der mauretanischen Wüstenlandschaft. Wir sind heute Nummer 3 in der Kolonne…

Gegen 10:10 Uhr stoppt die gesamte Kolonne. Am Fahrzeug von Hermann, Sophy und Doreen ist an der hinteren linken Radaufhängung ein Ermüdungsbruch aufgetreten. Florian und Eiko beratschlagen sich kurz, doch Zeit zum Schweißen ist erst wieder im Wüstencamp, das wir in jedem Fall vor Einbruch der Dunkelheit erreichen müssen. Deshalb wird das Ganze mit einem Spanngurt gefixt. Fast so wie bei Frank, dem musste gestern nach totalem Körpereinsatz beim Fußballspiel das so genannte Klavierschultersyndrom von den Mad Docs provisorisch fixiert werden. Der Vorteil für Frank am heutigen Tag ist die sogenannte „Schaufelbefreiung": er darf sich unter keinen Umständen am Ausgraben der im Wüstensand festgefahrenen Autos beteiligen, um seine Schulter zu schonen. Als sich die Kolonne nach der Notreparatur von Hermanns W124 Kombi wieder auf den Weg macht, mischen sich kurzzeitig andere Wüstenfahrer mit extra für eine Wüstendurchfahrung gebauten Autos, in unseren Konvoi.

Bei diesen „echten" Rallyefahrzeugen handelt es sich um Teilnehmer der Rallye „Africa Eco Race". *Das Africa Eco Race ist ein seit 2009 jährlich stattfindendes internationales lizenzfreies „Rallye Raid"-Rennen. Überwiegend findet die Rallye in Nordafrika statt, sie startet in verschiedenen europäischen Städten und endet immer im senegalesischen Dakar. Veranstalter sind 2016/2017 Jean-Louis Schlesser und Sportdirektor René Metge. Der ursprüngliche Veranstalter Hubert Auriol und auch die späteren Veranstalter sehen das Africa Eco Race als Nachfolger der 2009 nach Südamerika verlegten Rallye Dakar. Die Rallye führt über etwa 6500 km von Europa nach Marokko über Mauretanien nach Senegal. Die Austragung 2017 findet dieses Mal vom 31. Dezember 2016 bis zum 14. Januar 2017 statt." Die Rennleitung will das Umweltbewusstsein fördern und gibt an, verantwortlichen Umgang mit der Natur in die Organisation der Rallye zu integrieren. So wird ein Teil der Organisationsfahrzeuge durch Solarenergie betrieben und die Rennteilnehmer sind dazu angehalten, keine „Spur der Verwüstung" hinter sich herzuziehen(...)."* [Quelle: Wikepedia]

Nur wenige Minuten nach dem unfreiwilligen Boxenstopp trennen sich unsere Wege wieder von denen der Rennwagen und unser Gesamtkilometerzähler springt auf 6.000. Wir sind jetzt also seit dem Start in Wolfenbüttel 6.000 km ohne Panne mit unserer „Blauen Else" unterwegs.

Der Schwierigkeitsgrad des Fahrens in der Wüste wird durch Florian langsam gesteigert. Auch das Hochfahren einer langen sandigen Piste wird vom Meister persönlich beäugt. Es erfordert mit unseren Autos viel Schwung und Gefühl, um nicht einzusanden. Laut GPS umkreisen wir bei 25 Grad und gleißender Sonne unser Tagesziel, das aus einer von Florian vorgegebenen Koordinate unsere Lagerstatt mitten im Nichts der Wüste vorgibt. Dies ist also heute sozusagen Wüstenfahrschule für Anfänger. Als ich gerade ein Stück fahre, fährt sich Ole aus Norwegen mit seinem großen Mercedes Bus fest. Die Ansage von Eiko erfolgt prompt: „alle Beifahrer aussteigen und nach vorne laufen…" Höre ich da ein leises Fluchen von Fabian? Ja, er war es, aber nicht wegen des unfreiwilligen Arbeitseinsatzes, sondern weil er sich ohne Handschuhe beim Aussteigen am heißen Blech der „Blauen Else" die Hände verbrannt hat. Das ist also der Grund für die Arbeitshandschuhe auf Florians Packliste...

Tja, irgendwann passiert es dann. Als Beifahrer nicke ich kurz ein und werde auf einmal von Fabian geweckt. Irgendwie haben wir den Anschluss zum Vordermann verpasst. Für die Orientierung schaue ich stehend aus dem Schiebedach und sehe in Richtung 11:00 Uhr Bewegung am Horizont. Beim genaueren Hinsehen entpuppen sich die vermeintlichen Fahrzeuge als Kamele, die ihres Weges ziehen. Also heißt es jetzt warten auf Eiko, der in Funkverbindung mit Florian steht und uns somit wieder auf den richtigen Weg weisen wird. Dann geht es durch Weichsand, Rumpelstrecken und glatte, schnelle Sandabschnitte stetig Richtung Wüstencamp. Später klärt sich, dass Fabian durch die großen Staubwolken des Vordermanns dessen Abbiegen auf eine schmalere Reifenspur nicht sehen konnte und auf der deutlicheren Spur weiterfuhr. Dann waren die anderen halt weg und die restlichen 15 Autos folgten uns, bis Fabian die Sache doch etwas merkwürdig vorkam und er anhielt.

Als wir endlich das hinter einer Sanddüne liegende „Wüstencamp" erreichen, ist es nur noch eine Stunde bis zum Sonnenuntergang. Bis jetzt weiß das Wüstencamp nicht, dass es ein Wüstencamp ist, denn an der angegebenen Koordinate ist nur eine Düne und eine große flache Sandebene. Also heißt es jetzt fix das Zelt aufbauen und Essen kochen. Anschließend sitzen wir noch lange in der durch das fahle Mondlicht erleuchteten Nacht und genießen die Weite und Stille der uns vollständig umgebenden Wüste.

Ich mache nach dem Essen ein paar Aufnahmen von unserem nächtlichen Camp und schaue noch bei Florian und Eiko vorbei. So geht der Abend in der Wüste langsam zu Ende und einer nach dem anderen kriecht in sein Zelt. Nur hier und da hört man ein Schnarchen in der ansonsten so stillen Wüstennacht.

Tag 16 (9. Januar 2017) - Strandcamp

Wüstencamp – Strandcamp (107 km / 6.359 km)

Um 05:00 Uhr stehen wir langsam auf. Abfahrt ist heute für 07:30 Uhr geplant, also eine halbe Stunde vor Sonnenaufgang. Es bleibt somit genug Zeit für ein ausgiebiges Frühstück, denn neben Sand mangelt es uns auch nicht an ausreichend Verpflegung. Nur

für das morgendliche Geschäft muss man halt die Schaufel mit sich führen. Doch das Erleben der Natur steht ja für die nächsten Tage im Vordergrund und alle arrangieren sich mit den Umständen. Sogar das Team „Kettenbriefunterbrecher" muss in Ermangelung lokaler Beherbergungsmöglichkeiten heute Morgen das gestern erstmals aufgebaute Zelt auch wieder einpacken. Das erklärte Ziel von Andreas & Onkel war nämlich, auf der Tour so oft wie möglich in festen Quartieren zu übernachten. Tja Jungs, wir heißen euch willkommen im Team der „Nomaden des Atlas". Pünktlich um 07:30 Uhr klopft Florian auf seine bekannte Bratpfanne und bittet kurz vor der Abfahrt um Gehör. Im Wesentlichen ist das heutige Vorankommen von zwei Sanddünen abhängig, die vor uns liegen und von allen Fahrzeugen durchfahren werden müssen. Gelingt dies allen Fahrern gut, soll heißen ohne zeitaufwändiges Freischaufeln eingesandeter Autos, so stehen die Chancen nicht schlecht, bis 14:00 Uhr den Strand zu erreichen und bei der dann einsetzenden Ebbe am Strand bis zum Strandcamp weiter zu fahren. Erreichen wir das Zwischenziel nicht bis zum errechneten Zeitpunkt, ist die verbleibende Zeit zum Erreichen des Strandcamps zu knapp. In diesem Fall müssten wir den Strand um 03:30 Uhr in der Nacht bei der nächsten Ebbe befahren. Getreu unserem Motto „Hakuna matata" werden wir gegen 14:00 Uhr genauer wissen, wie es für heute weitergeht. Genau dies ist das Spannende an dieser Tour: man kann nicht immer alles planen, muss es nehmen wie es kommt und dann das Beste daraus machen. Nach den nunmehr 16 Tagen, die wir mittlerweile unterwegs sind, gelingt dies auch immer besser. Pas de problème, Chef...

Kurz vor 11:00 Uhr sollen wir auf Florians Anraten vor einem kleinen Fischerdorf auf ihn warten, da er einige administrative Dinge regeln muss. Flugs werden Stühle und Campingkocher aus den Autos geholt und sozusagen ein kleines zweites Frühstück gemacht. Unser Aachener Ford Maverick Fahrer Martin nutzt die Zeit mit seinem Sohn André, um dem durstigen Benziner den Nachschub in Form von Superbenzin zu geben und entleert voller Tatendrang einen großen Kanister Super bleifrei in das Allradfahrzeug.

Als Fabian mir gerade den frisch gekochten Kaffee anreicht, kommt Florian angebraust und gibt das Kommando zum raschen Aufbruch.

Wir erreichen nach vielen Kilometern ohne Besiedlung ein kleines Fischerdorf. Die aggressiv bettelnden Kinder von Nouamghar müssen wir komplett ignorieren, denn hier würde jede Gabe von uns sofort zu einem Streit zwischen den Kindern führen und unser Konvoi wäre mittendrin. Deshalb halten wir unterhalb des Dorfes und warten jetzt hier, bis die Ebbe einsetzt. Unsere Polizeieskorte bezieht im Quadrat um unsere, fast ausschließlich aus Mercedes bestehende Wagenburg Stellung. Jeder sich nähernde Fremde wird von unseren acht uniformierten Begleitern kritisch beobachtet, die Kalaschnikow in einsatzbereiter Position. Trotzdem bleibt noch Zeit für einen kleinen Schnappschuss mit unseren Beschützern, die auch nachts immer über uns wachen. Davon konnte ich mich in der Nacht schon mehrfach selber überzeugen. Gestern spät abends habe ich dem Kommandanten der Truppe mal ein selbst fotografiertes Bild unseres Wüstencamps direkt auf dem Kameradisplay gezeigt, da war er ganz begeistert.

Als ich gerade beim Schreiben unseres Blogs bin, kommt Florian vorbei und bewundert unseren Media Markt auf Rädern. Wir konnten heute Morgen sogar Gerit aus der Patsche helfen und den leeren Akku ihrer Lumix LX7-Kamera nachladen.

Obwohl unser Mercedes nur einen Zigarettenanzünder als 12V-Steckdose hat, laden wir während der Fahrt doch einige Geräte auf. Als da wären: TomTom Navi, Garmin 60CSx Navi, 1-2 Smartphones, diverse Powerbanks im Wechsel und per 230V-Konverter kriegen auch die Kamera-Akkus und das MacBook Air (für Datensicherung und Videobearbeitung) ihren Saft.

Jetzt übergebe ich Florian die ersten neun alten Handies unserer mitgebrachten Sammlung. Was immer er damit auch vorhat, es wird unserem Tross sicher helfen, besser voranzukommen und irgendjemand wird ein Handy, das in unserer Überflussgesellschaft einfach im Schrank vergammelt, noch gute Dienste leisten.

Gegen 13:30 Uhr gibt Florian das Startsignal zum Befahren des Strandabschnitts. Der zum Fahren geeignete Streifen ist recht schmal, rechts ist das Wasser (das ist nicht gut für die rechts im Mercedes eingebaute Lichtmaschine) und weiter links ist die Gefahr des Festfahrens auf dem losen Sand sehr groß. Hat man die optimale Spur gefunden, dann ist es einfach nur toll, mit 50-60 km/h über den feuchten, aber festen, glitzernden Sand zu fahren. Rechts das tosende Meer, ab und an fliegen Schwärme von Möwen vor uns her. Ein paar Pelikane sind auf dem Atlantik unterwegs. Ab und an halten wir und warten, dass die Kolonne aufschließt.

Nach 1,5 Stunden Fahrt stoppen wir und bekommen die Anweisung, wie wir zur Düne in unser heutiges Camp fahren sollen. Nach viel Anlauf und mindestens 60 km/h sollen wir vom Wasser weg den Strand hochfahren und mit letztem Schwung dann so wenden, dass der Kühlergrill wieder zum Meer zeigt. Leider hatte ich nicht genug Schwung und jetzt steht es 1:1 zwischen Fabian und mir, was das Festfahren betrifft. Doch mit vereinten Kräften, einer Schaufel und Martins Benzin saufendem Ford Maverick 4×4 kommt die „Blaue Else“ am höchsten Punkt der Düne an.

Wir schlagen unsere Zelte auf und werden morgen einen fantastischen Tag hier inmitten der Düne verbringen. Es ist zwar etwas bewölkt, doch man kann abends um 20:00 Uhr noch im T-Shirt dasitzen und dem Rauschen des Meeres lauschen. Am 9. Januar! Jemand lässt einen großen Kastendrachen steigen. Wir lassen eine GoPro-Actionkamera an der Drachenschnur aufsteigen und haben jetzt sogar eine Luftbildaufnahme unseres Camps. Direkt live aufs Smartphone! Schon cool, was es so alles gibt. Schließlich dient die Drachenschnur auch noch zum Trocknen der Badebekleidung...

Tag 17 (10. Januar 2017) - Strandcamp

Jour de repos im Strandcamp

Heute ist Ruhetag. Gegen 08:00 Uhr stecken wir die Nasen aus dem Zelt. Es ist etwas bewölkt, leicht windig, aber nicht kalt. Während Fabian sich um den Kaffee kümmert, gehe ich eine Runde im Atlantik schwimmen. Das Meer ist verhältnismäßig ruhig und erfrischend. Im Anschluss frühstücken wir gemeinsam mit Heiko & Stephan, den „Freiburger Wüstenfüchsen" lang und ausgiebig.

Pünktlich um 10:00 Uhr versammeln sich alle am Strand, um den Ausführungen von Gerit über Mauretanien zu lauschen. Ihr Vortrag über das Land, die derzeitige Situation und die Arbeit der AEPN Mauretanienhilfe e. V. sind sehr interessant. Die AEPN benötigt im Vergleich zu großen Hilfsorganisationen eher geringe Beträge, um das von uns besuchte Kinderhaus in Nouadhibou in Betrieb zu halten. Mit monatlich 3.000 € sind die Gehälter für 12 lokale Angestellte, Essen für die Kinder, Arztbesuche und notwendige Instandhaltungskosten abgedeckt. Die Verwaltungskosten der AEPN betragen ca. 1- 2 % und sind damit deutlich geringer als bei anderen Non Profit-Organisationen. Darin enthalten sind Porto und Telefonkosten, die Gebühren für die Internetdomain usw.

Nach dem Vortrag gibt es noch ein paar Hinweise von Florian für den nächsten Tag und die Bitte, nach Holz Ausschau zu halten, um am Abend wieder in gemütlicher Runde am gemeinsamen Lagerfeuer sitzen zu können. Ein Spaziergang am Tag kann ja nicht schaden und so verbinde ich „das Geschäftliche" mit dem praktischen und bringe auf dem Rückweg ein paar Äste von Büschen aus den Dünen mit. Auch Fabian macht einen sehr ausgedehnten Spaziergang und findet drei Kilometer vom Camp entfernt eine Europalette und weitere Bretter. Der Rückweg gestaltet sich damit etwas beschwerlich. Aber er hat Glück: Nach fünf Kilometer Fußmarsch und dem ersten Schweißausbruch wird er von einem patrouillierenden Jeep unserer „Beschützer-Hoschis" aufgepickt und kann den Rest des Weges mitsamt Brennholz auf der Ladefläche des Pickups mitfahren.

Im Laufe des Vormittags schaue ich den Beschützern, die Freischicht haben, beim Angeln zu. Ich bekomme einen Fisch geschenkt und die Soldaten zeigen mir, wie man den Fisch ausnimmt. Ich werde dann wohl eine Fischsuppe daraus kochen, denn gegrillt reicht der Fisch nicht für alle.

Fabian versucht derweil einen defekten Klappstuhl mit einem am Strand gefundenen Strick und Kabelbindern zu reparieren. Die Herausforderung dabei ist natürlich, die Faltbarkeit der Sitzgelegenheit zu erhalten und bis morgen um 13:00 Uhr fertig zu werden. Dann fahren wir nämlich weiter am Strand bis nach Nouakchott, der Hauptstadt Mauretaniens und vorletztem Etappenziel. Dort werden wir übermorgen mit Ahmed, dem Autohändler, um den besten Preis für die uns ans Herz gewachsene „Blaue Else" und aller anderen Autos feilschen müssen. Der Gesamterlös der Autos geht dann treuhänderisch an Gerit, die als Vorsitzende der AEPN diese Gelder von Deutschland aus verwaltet. Gerit begleitet uns seit Nouadhibou, denn sie ist uns von München aus mit dem Flugzeug hinterhergeflogen. Da sie die Rallye zweimal im Jahr ehrenamtlich begleitet, hat sie auch die Kosten ihres Fluges aus eigener Tasche bezahlt.

Bei einem weiteren Spaziergang in den Dünen erledige ich dann noch einen besonderen Auftrag. Eine Kollegin wünschte sich für ihre Sammlung unterschiedlichster Sandsorten auch Sand aus Mauretanien. Ich versprach, ihr diesen Wunsch zu erfüllen und damit auch alles seine Ordnung hat, habe ich heute die freie Zeit genutzt und in eine kleine, arabisch beschriftete Wasserflasche, echten mauretanischen Wüstensand eingefüllt. Davon gibt es hier nämlich genug. Nebenbei ist auch noch ein kleines Filmchen entstanden, das die relaxte Stimmung am Wüstenstrand ganz gut wiedergibt. Soweit der Tag für heute aus dem Strandcamp am Meer. Abends sitzen wir wieder in gemütlicher Runde um ein, wenn auch kleines, Lagerfeuer aus Treibholz und erzählen über das woher und wohin und so weiter. Auch das eine oder andere Glas leckerer Getränke wird aus ungeahnten Mercedes-Hohlräumen gezaubert und sorgt für eine entspannte, ausgelassene Stimmung.

Tag 18 (11. Januar 2017) – Nouakchott Residence Sahari

Strandcamp bis Nouakchott (130 km / 6.489 km)

Heute schlafen wir aus und stehen erst um 08:15 Uhr auf. Unsere Weiterfahrt vom Strand zu unserem Quartier in Nouakchott wird frühestens um 13:30 Uhr möglich sein, denn erst dann ist wieder Ebbe und der Strand für unsere Autos befahrbar.

Bis dahin müssen wir lediglich ausgiebig frühstücken, alle Sachen wieder in der „Blauen Else" verstauen und dann mit vereinten Kräften unsere treue Begleiterin Richtung Strand bewegen.

Sollten wir das nicht aus eigener Kraft schaffen, gibt es ja genug helfende Hände oder Martins Sprit saufenden Ford Maverick, der mit Allradantrieb hier in seinem Element ist. Martin und seinem Ford ist es auch zu verdanken, dass die Fischsuppe, die ich gestern Abend gekocht habe, auch genügend frischen Fisch enthalten hat, denn der eine geschenkte Fisch wäre etwas wenig gewesen. Martin ist am Strand zum nächsten Fischerdorf gefahren und hat einige Fische und Eis mitgebracht. Für einen Becher Rotwein (Bier ist leider schon verbraucht) konnte ich noch einen frischen Fisch mit einem Gewicht von ca. 1 kg in die Suppe schnippeln.

Gegen 12:00 Uhr sind alle Autos am sogenannten „Spülsaum" aufgefahren und die Fahrer und Beifahrer warten auf die Ansage von Florian. Wir werden gleich für ca. 60 km am Strand entlangfahren. Etwa auf der Hälfte der Strecke wartet eine große Düne auf uns, die einen ins Wasser ragenden Felsen teilweise bedeckt und die Durchfahrt verhindert. Bis vor etwa 4 Jahren konnte vorsichtig, knapp am Felsen vorbei, diese Engstelle mit einer Fahrt durch das bei Ebbe nur wenige cm tiefe Wasser umfahren werden. Das ist jetzt aufgrund des auch hier durch die Erderwärmung ansteigenden Meeresspiegels nicht mehr möglich. Das Wasser ist auch bei Ebbe einfach zu tief. Daher müssen wir auf der Landseite an dem Felsen vorbei. Wir schaufeln in Teamarbeit mit 30 Menschen einen

Teil der Sanddüne weg und es entsteht eine Art Rampe für die 30 Autos. Der Verlauf der Trasse wird nach Fertigstellung mit unseren Schaufeln abgesteckt, an denen sich die mit hoher Geschwindigkeit durch den Sand wühlenden Autos orientieren sollen, um nicht über die Felskante zu rutschen. Soweit der Plan.

Doch erst einmal geht es in ruhiger Fahrt am blendend hellen Strand entlang. Vom Meer weht eine angenehme Brise und Fabian hat für das erste Teilstück der Strecke Juliane als Beifahrerin, die das Auto von Niklas aus der Außenperspektive filmen will und ich nehme im Auto ihres Partners Niklas Platz und filme die „Blaue Else". So kommen wir alle zu schönen Außenaufnahmen unserer Diesel-Boliden.

Nur gut, dass beide Daimler ein Schiebedach haben. An der Wanderdüne angekommen verläuft dann alles nach Plan: Rampe schaufeln, die Schaufeln als Markierungen in den Sand und dann alle Beifahrer nach vorn, um den Autos, die etwas zu wenig Schwung haben, gleich in die geöffneten Fenster zu greifen, um dann mit vereinten Kräften das Fahrzeug über die Engstelle zu schieben. Die Aktion klappt dermaßen perfekt, dass sich alle im Anschluss zum Gruppenfoto auf der gerade bezwungenen Düne zum Gruppenfoto versammeln. Teamwork at its best!

Anschließend übernehme ich das Lenkrad und fahre mit der „Blauen Else" die letzten 30 km am wunderschönen Strand entlang. Nahe eines kleinen Fischerdorfes halten wir, um unsere Reifen wieder auf den für das anschließende Fahren auf der Straße empfohlenen Reifendruck zu bringen. Noch eine schweißtreibende Aktion. Auch hier sind wir sehr dankbar für die Anwesenheit unserer uniformierten Begleiter, denn schnell sind 50 oder mehr Kinder und Jugendliche des Dorfes da, um unsere Aktion zu beobachten. So kann ein Tohuwabohu bettelnder Hände und zwischen den Autos umherwuselnder Kinder erst gar nicht entstehen. Wir würden schon gern eine Kleinigkeit geben, aber das wäre hier ein ungeeignetes Signal und könnte unter Umständen unbeherrschbare Situationen verursachen.

Unser für 10 € bei eBay erstandener Doppelkolben-Fußkompressor erweist sich als Fehlinvestition - Totalausfall. Mit dem verbogenen Teil würden wir vermutlich noch morgen dastehen und pumpen. Glücklicherweise können wir auf den elektrischen Kompressor unserer Freiburger Freunde zurückgreifen. Unser schrottreifer Kompressor wandert zum Schluss mit jeder Menge anderer Luftpumpen auf das Toyota-Begleitschutzfahrzeug. Offenbar kann man das hier noch gut gebrauchen.

Gegen 15:30 Uhr setzt sich die Kolonne in Bewegung und nach ein paar Kilometern hat die „Blaue Else" wieder Asphalt unter den Reifen. Es geht jetzt in die Hauptstadt Mauretaniens, Nouakchott und nach ca. 70 km werden wir unser Quartier erreichen. In die Stadt geht es in enger Kolonne und mit eingeschalteter Warnblinkanlage. Wir fahren auf der nagelneuen sechsspurigen Straße in die Stadt, die den neuen Flughafen mit der etwa 10 km entfernten City verbindet. Die ersten Eindrücke von Nouakchott sind sehr unterschiedlich.

Vor dem modern aussehenden Wirtschafts- und Finanzministerium streunen mehrere Hunde herum. Neben der neuen Straße mit modernen Straßenlaternen sind nur sandige Fußwege. Viele unverputzte Häuser und Freileitungen fallen uns in Auge. Es ist gar nicht so einfach, den Kontakt zum Vordermann zu halten, wenn man trotz roter Ampel nach links abbiegen muss. Schließlich hatte das dritte von 30 Fahrzeugen noch grün... Doch mittlerweile sind wir ja mit der afrikanischen Fahrweise recht gut vertraut und bahnen uns mit freundlichem Hupen den Weg. Endlich erreichen wir das für mauretanische Verhältnisse komfortabel aussehende Hotel und parken alle Autos im Innenhof, der von einer übermannshohen Mauer umschlossen ist. Besser keine neidvollen Blicke auf uns ziehen...

Pro Zimmer sind 6 Personen vorgesehen; es gibt ein Doppelbett in einem separaten Raum und zwei Sofas, die allerdings keinen sehr vertrauenerweckenden Eindruck machen. Wir überlassen das Zimmer mit Doppelbett, zudem eine Treppe führt, Julia und Frank. Interessanterweise ist die Dusche nur durch dieses Zimmer zu erreichen. Heiko & Stefan, Fabian und ich machen es uns auf den Isomatten auf dem Boden gemütlich. Schließlich haben wir uns nach über 2 Wochen daran gewöhnt.

Anschließend räumen wir alles Gepäck aus dem Auto und ein großer Teil der Ausrüstung, der nicht ins Fluggepäck passt, wandert auf den Haufen mit den Sachspenden. Heiko besorgt in der Zwischenzeit Pizza für uns vier. Nach der Schlepperei verschnaufen wir ein bisschen und vertilgen die unerwartet leckere Pizza. Unser Zimmer ist in der zweiten Etage, aber hier sind die Geschosse immer doppelt hoch, da auch die Zimmer über zwei Etagen gehen. Die Treppe hat ungleiche Tritthöhen und ist sehr schmal. Das macht es mit dem ganzen Gepäck nicht leichter. Aber egal, nach kurzer Pause mache ich mich gemeinsam mit Fabian auf den Weg und versuche, noch einen Geocache zu finden. Morgen um 14:00 Uhr findet dann der Autoverkauf statt. Bei 30 Autos wird das zwischen vier und sechs Stunden dauern.

Tag 19 (12. Januar 2017) - Nouakchott Residence Sahari

Jour de repos in Nouakchott, Autoverkauf (10 km / 6.499 km)

Nachdem der Muezzin gegen 05:00 Uhr zum Sonnenaufgang seinen ersten Aufruf zum Gebet gemacht hat, schlafe ich nochmal ein, um dann gegen 07:30 Uhr den Tag mit einem ersten Kaffee und der Sicherung der Fotoschätze zu beginnen. Das Zimmer verfügt zwar über eine Küche, aber außer einer Spüle ist davon nichts zu gebrauchen. Mitten im Raum steht ein nicht angeschlossener Kühlschrank, daneben eine große, nutzlose Propangasflasche. Gut, dass wir unsere kleinen Gaskocher dabeihaben.

Die Fotoschätze sind sicher verwahrt und wir gehen in ein Café gegenüber unserem Hotel um zu frühstücken. Für umgerechnet knapp 6 € bekommt man, für die uns sonst umgebenden ärmlichen Verhältnisse, ein opulentes Frühstück. Für 10:00 Uhr hat Gerit Taxis organisiert, deren Fahrer uns zu den Sehenswürdigkeiten Fisch- und Tuchmarkt fahren sollen. Die Fahrer begleiten uns auch zu Fuß und dienen ein wenig als Schutz. Unser Taxi hat laut Tacho über 42.090 km auf dem Zähler, der aber seit dieser Zahl nicht mehr funktioniert und auch nur fünf Stellen hat. Wenn der alte 190er erstmal läuft, ist alles gut. Aber erst muss Andreas mit anschieben, denn irgendwie scheint das Vorglühen nicht mehr so recht zu funktionieren. Ist ja bei den hier meist vorherrschenden Temperaturen auch nicht so wichtig.

Als die Kiste endlich anspringt, geht es Richtung Fischmarkt. Allerdings muss unser Fahrer selbst mehrfach nach dem Weg fragen. Nachdem wir mehrere Industriegebiete durchfahren haben, erreichen wir den Fischmarkt und treffen dort auf einige andere

Rallyeteilnehmer. Die Mauretanier stehen nicht so darauf, fotografiert zu werden, deshalb können wir die Eindrücke hier nur akustisch, visuell und olfaktorisch in uns aufnehmen. Ja, es stinkt. Aber das hat ein Fischmarkt nun mal so an sich. Fotomotive hätte es en masse gegeben. Wenigstens die bunt bemalten Fischerboote kann ich fix mit dem Handy ablichten.

Im Anschluss geht es weiter zum „Marché de la Capitale". Dort gibt es von Schuhen über Kleidung, Geschirr und Kunstartikel so ziemlich alles zu kaufen, was man sich vorstellen kann. Dazu wird in abartiger Lautstärke nervige Musik aus mannshohen Lautsprechern abgespielt.

Nach diesem Marktbesuch geht es zurück zum Hotel, denn ab 14:00 Uhr ist der Verkauf der Autos geplant. Florian erläutert uns noch einmal, wie alles abläuft. Ein Erlös von 21.000 € für alle Autos ist das geplante Ziel. Jedes Team muss dabei den Preis selbst verhandeln. Wichtig ist, beim Aufkäufer durch Gruppendynamik einen gewissen Druck zu erzeugen, um möglichst hohe Kaufpreise zu erzielen. Im Schnitt gibt es hier für einen Mercedes, abhängig vom Typ, zwischen 800 und 980 €.

Los geht es mit dem Auto von Helder, einem weißen 190er. Nach längerem Gefeilsche schlägt unser portugiesischer Freund Helder aus Hamburg bei 950 € in die Hand des Aufkäufers ein. Ca. 15 Minuten hat das für ein Auto gedauert. Die „Freiburger Wüstenfüchse" sollten für ihren W202 nur 850 € bekommen. Zu wenig, wie sie fanden, deshalb steckt die Verhandlung fest und der Händler geht erst einmal zum nächsten Mercedes... „Lahme Ente 2", der W124 aus Hamburg, bringt nach langen Verhandlungen und Zugabe eines echten Polizeicappys 900 €. Die anschließende Verkaufsverhandlung von Martins Sprit saufendem Ford Maverick wird bei 500€ ergebnisoffen vertagt. Martin is not amused. Und so geht es Auto für Auto weiter. Inzwischen brennt die Sonne erbarmungslos in den Innenhof und spielt dem die Wärme gewohnten Händler in die Karten. Aber wir können uns ja abwechseln. Mal sehen, wann die „Blaue Else“ an der Reihe ist. Und wieder eine lange Verhandlung: 920 €! Nach zähem Hin und Her und mit Unterstützung durch Gerits Französischkenntnisse können wir für unseren zuverlässigen, 22 Jahre alten W202, schließlich 950 € erlösen, die jetzt dem Kinderhaus in Nouadhibou zu Gute kommen. Ein sehr zufriedenstellendes Ergebnis.

Im Anschluss an die Verkaufsverhandlung müssen wir noch tanken, um morgen die 230 km bis zur senegalesischen Grenze auch aus eigener Kraft zu schaffen.

Danach wird es mit einem Reisebus von der Grenze weiter in den Senegal bis zur Zebrabar bei St. Louis gehen. Wir fahren also mit einigen Autos im Konvoi zu einer Tankstelle. Das Tanken ist angesichts der Sprachbarriere etwas abenteuerlich. Wir haben den Spritbedarf in etwa ausgerechnet und rufen dem Tank-„Hoshi" STOPP zu, um ihn dann mit unseren abgezählten Ouguiyas zu entlohnen. Angesichts des Kurses von ca. 400 Ouguiyas für einen

Euro nennt Florian das mauretanische Geld nur „Mickymauswährung". Abends nach dem Tanken gehen wir in einem libanesischen Imbiss noch was essen, entsorgen die restlichen, nicht mehr benötigten Sachen und leeren den Rest von Heikos Rotwein. Der 3l-Kanister mit Zapfhahn steht praktisch und dekorativ auf dem Fernseher. So endet unser siebter und letzter Abend in Mauretanien.

Tag 20 (13. Januar 2017) - Senegal Zebrabar

Nouakchott bis zur Zebrabar, Senegal (238 km / 6.737 km)

Um 03:30 Uhr klingelt heute der Wecker für uns, eine Stunde, bevor der Muezzin sein morgendliches Gebet beginnt. Denn um 05:00 Uhr ist heute unsere Abfahrt in den Senegal geplant. Da zeitgleich das Africa Eco Race stattfindet, ist es wichtig, vor ihnen an der senegalesischen Grenze zu sein, haben wir beim letzten Briefing erfahren. Niemand hat gemurrt.

Wir werden mit unseren Autos bis zur senegalesischen Grenze und dann mit dem Bus weiter bis zur Zebrabar fahren. Das war der Deal, da unsere Fahrzeuge gestern alle erfolgreich verkauft wurden. Der Gesamterlös aller 30 Fahrzeuge betrug 25.945 € und das Ziel wurde damit mehr als erreicht. Wie geplant drehen sich in stockdunkler Nacht 30 Zündschlüssel in den Zündschlössern der Fahrzeuge und danach ertönt zum letzten Mal das beruhigende Geräusch leise nagelnder Dieselmotoren. In eng aufgeschlossener Kolonne und mit eingeschalteter Warnblinkanlage verlassen die „Nomaden des Atlas" den von einer hohen Mauer umgebenen Hof des Hotels Residence Sahari.

Die vor uns liegende Strecke wurde von Florian als die so ziemlich schlimmste Route Richtung Senegal beschrieben. Er appellierte auch an die Beifahrer, ständig mit auf die Straße zu achten und den

Fahrer aktiv zu unterstützen. Von der unbefestigten Fahrbahn, unbeleuchteten Fahrzeugen, ob stehend am Fahrbahnrand oder als Gegenverkehr, bis zu Fußgängern, Hunden, Ziegen, Eseln und Kamelen auf der Straße – es sei mit allem zu rechnen. Insbesondere vor Schlaglöchern, die einen ganzen Benz in sich aufnehmen können, sollen wir auf der Hut sein. Nachdem ich heute die ersten 150 km des Tages gefahren bin, stelle ich fest, dass Florian mit keinem seiner Worte übertrieben hat. Drei Reifenschäden an unseren Fahrzeugen und ein gebrochenes Domlager zeugen von den Herausforderungen des heutigen Tages.

Doch die Aussicht auf eine gut gekühlte Gerstenkaltschale in der Zebrabar tröstet alle über diese Strapazen hinweg.

Die Zebrabar

„Nach vielen Afrikareisen fanden Ursula und Martin aus der Schweiz diesen wunderschönen Ort, und begannen 1996 die Zebrabar so aufzubauen, wie sie dies früher auf ihren Reisen auch gerne angetroffen hätten. Mittlerweile ist die Zebrabar der Treffpunkt für Afrikafahrer geworden. Ob auf der Nord-Süd oder Ost-West Route, man sieht und trifft sich in der Zebrabar für einen gemütlichen Info-Austausch.

Der Aussichtsturm bietet einen herrlichen Ausblick über die wunderschöne Landschaft, den Senegalfluss bis zum Atlantik. Für angeschlagene Wüstenfahrzeuge steht eine gut eingerichtete Werkstatt und kompetente Hilfe zur Verfügung, sofern nicht gerade hauseigene Großprojekte am laufen sind. Auch für Ornithologen und Birdwatcher ist die Zebrabar eine einzigartige Destination. Sie befindet sich im Nationalpark „Langue de Barbarie", der für seine vielfältige Vogelwelt bekannt ist (Pelikane, Flamingos, Reiher, Kormorane u.v.a.). Der Park kann mit Pirogen (Holzboote) der einheimischen Fischer oder mit Booten der Zebrabar (Kajak, Kanu, Surfbrett) besucht werden. Der Name ZEBRABAR setzt sich zusammen aus ZEBRA (für Afrika stehend) und NjagaBAR (Pelikan in Wolof, senegalesische Amtssprache)." [Quelle: www.zebrabar.net]

10:00 Uhr, die letzten Meter einer staubigen, buckligen Piste liegen hinter uns. Die Fahrt war sehr rasant und einige Überhol- und Bremsmanöver ähnelten filmreifen Stunts. Alle drehten richtig frei und hatten offensichtlich Spaß. Jetzt stehen wir im Grenzabfertigungsbereich und Florian ist mit allen Pässen und Fiches im Abfertigungsgebäude verschwunden. Anweisungsgemäß bleiben wir alle im Auto sitzen und warten auf die Grenzbeamten.

11:30 Uhr, die Grenzabfertigung ist für uns erledigt. Florian regelt noch die Entzollung der Fahrzeuge. In einem letzten Akt werden die KFZ-Kennzeichen abmontiert. Das Gepäck wartet, auf einen großen Haufen gestapelt, auf das Wüstentaxi. Bis zu dessen Eintreffen warten wir alle in der Mittagssonne an und in einem kleinen Café direkt im Grenzbereich. Florians Plan ist also aufgegangen, mit einer zeitigen Abfahrt dem Tross des „Africa Eco Race" zuvorzukommen.

13:29 Uhr, der etwa 40 Jahre alte Bus rollt mit 65 Menschen an Bord mit unserem gesamten Gepäck auf dem Dach endlich los. Wir sitzen in 5er-Reihe nebeneinander und die Stimmung ist prima. Das schlagende Rad, über dem ich sitze und die verrosteten Treppenstufen, durch die man den staubigen senegalesischen Boden beim Einsteigen sehen kann, werden getrost ignoriert, denn in Afrika ist das alles völlig normal. Rechts hinter mir sitzen Ole und ein afrikanischer Junge. Ich mache ein Bild von beiden, die mit einigen anderen Teilnehmern das ganze schwere Gepäck auf den Dachträger des Busses gehievt und sicher verzurrt haben. Als Belohnung bekommt der kleine Senegalese Oles Arbeitshandschuhe und strahlt glücklich in die Kamera. Schließlich hat er als Gehilfe des Busfahrers schwer geschuftet und ist beim Losfahren auch für das Schließen der Tür verantwortlich.

Um 15:00 Uhr kommen wir in der Zebrabar an. Nach einer kurzen Ansage händigt Florian uns die Pässe und vor allem die Autokennzeichen aus. Danach beziehen wir unseren schönen Bungalow Nr. 5, den Fabian bereits Monate vorher reserviert hat. Unser Gepäck wird von einem netten Mitarbeiter der Zebrabar in einer Schubkarre zum Bungalow gebracht. Es ist ein zweistöckiges Ge-

bäude mit geschmackvoller, landestypischer Einrichtung inklusive Toilette und Dusche sowie Moskitonetzen über den Betten. Unten schlafen wir und oben in der räumlich getrennten Wohnung haben sich unsere Hamburger Freunde Moni und Helder einquartiert. Die solar beheizte Dusche funktioniert prima, aber logischerweise nur ab Nachmittag.

Tag 21 (14. Januar 2017) - Senegal Zebrabar

Senegal, Zebrabar

08:30 Uhr. Wenn ich auf dem Bett liege, kann ich den Sonnenaufgang und die vorbeiziehenden Pelikane und andere Vögel beobachten. Natürlich haben wir unseren Wegweiser vor dem Gebäude postiert. So sehen wir immer gleich, wo wir wohnen.

Unser Frühstück nehmen wir in gemütlicher Runde auf der Terrasse der Zebrabar ein. Also eigentlich draußen, unter einem Dach aus Palmwedeln. Zu Baguettes, Rührei, Kaffee und Erdnussbutter gibt es noch gratis Unterhaltung durch die 5-jährige Nora. Sie ist die Adoptivtochter von Ursula & Martin, wächst in der Zebrabar viersprachig auf und da sie heute nicht in den Kindergarten muss, leistet sie allen Gesellschaft. Wenn man Tabasco auf das Rührei macht, dann nascht Nora nicht vom Teller…

Mittags machen wir mit 14 Leuten in einer Piroge mit Außenborder eine Bootstour zur nahe gelegenen Vogelinsel, setzen über zum Atlantik, sammeln Muscheln und gehen bei 26 Grad Lufttemperatur im Atlantik baden. Ich komme bei den Pelikanen mit der Kamera auf meine Kosten. Nach diesem Ausflug ziehe ich mich in unseren Bungalow zurück, um aus 160 GB Rohmaterial Film einen kurzen 5 Minuten-Trailer zu schneiden.

Mit Florians letztem Topfgong beginnt unser Abschiedsabend mit, wie angekündigt, kurzen Reden von Gerit und Florian. Ein rauschendes Fest soll es werden und das ist nicht zuviel versprochen. Als es dunkel genug ist, stelle ich das kleine MacBook Air auf den Tresen und zeige allen Rallyeteilnehmern den gerade erst fertig gestellten Videotrailer. Mit viel Applaus für den Film geht es direkt zum Buffet, das leckere warme und kalte landestypische Gerichte zu bieten hat. Dazu gibt es „bière La Gazelle" aus dem Senegal, das etwas nach Mais schmeckt. Aber auch eine andere, leckere Biersorte wird eiskalt serviert. Der Rotwein ist ebenfalls nicht zu verachten. Alkohol ist, anders als in Mauretanien, hier kein Problem. Während wir noch schlemmen, baut eine Musikgruppe ihre Instrumente auf. Aber bevor sie so richtig für Stimmung sorgen, gibt es noch einen Auftritt der „Musik-AG" unserer Rallyetruppe. Unter der Leitung der beiden Ärzte von den „Mad docs" haben sie ein Lied über die „Dust and Diesel“-Rallye eingeübt. Zur Musik von Reinhard Meys „Über den Wolken" singen sie einen Text, der auf lustige Art viele Erinnerungen der letzten drei Wochen hervorruft. Große Klasse!

Für afrikanische Exotik sorgt anschließend die Liveband, die mit kraftvollem Gesang, anmutigem Tanz und unter die Haut gehenden Rhythmen alle in ihren Bann zieht. Auch ein Feuerschlucker wird aufgeboten. Es wird getanzt und mitgeklatscht bis in den frühen Morgen. Das Fest ist ein würdiger Abschluss der Reise, an den wir uns noch lange erinnern werden.

Tag 22 (15. Januar 2017) – Senegal Zebrabar

Senegal, Zebrabar

Nachdem wir heute Morgen gegen 03:30 Uhr nach der rauschenden Abschlussfeier ins Bett gefallen sind, ist heute einfach nur relaxen angesagt. Die ersten Rallye-Teilnehmer verlassen uns schon und treten die Rückreise an. Wir verabschieden uns von Niklas und Juliane, bevor sie mit Ole und seiner Familie ins wartende Taxi einsteigen. Ich nutze die freie Zeit, um den ersten senegalesischen Geocache zu suchen, der sich auf dem Gelände der Zebrabar befindet. Ansonsten verbringen wir den Tag in der Sonne sitzend mit einem guten Buch. Ein mobiler Schmuckverkäufer baut seinen Verkaufsstand neben der Bar auf und erregt das Interesse der weiblichen Rallyeteilnehmer. Viele der männlichen Teilnehmer betrachten das Feilschen mit stoischer Ruhe und einem Glas Bier in der Hand.

Tag 23 (16. Januar 2017) - Senegal Zebrabar

Senegal, Zebrabar

Heute gegen 11:00 Uhr machen wir uns gemeinsam mit Hermann im Taxi zu einer Sightseeingtour in das nur 20 km entfernte Saint Louis auf. Diese erste größere Stadt nach der Grenze zu Mauretanien hat etwa 170.000 Einwohner. Gegründet wurde Saint Louis bereits 1659 als erste französische Siedlung Afrikas. Die Altstadt der einstigen Hauptstadt von Französisch-Westafrika zählt mit seinen kolonialen Bauten zum Unesco-Weltkulturerbe. Im Hotel de La Poste gelingt es mir, bei Kaffee und Cola den Filmtrailer unserer Tour auf YouTube hochzuladen.

Anschließend machen wir uns bei angenehmen Temperaturen zu Fuß zur Stadtbesichtigung auf. In St. Louis gibt es relativ gut erhaltene Prachtbauten aus der Kolonialzeit zu sehen. Sobald man jedoch ein oder zwei Querstraßen dahinter langgeht, liegt zwischen den verfallenden Häusern jegliche Art von Müll und Dreck. Wie in Mauretanien auch scheinen sich die frei umherlaufenden Ziegen von dem Abfall zu ernähren und sorgen so für eine Art Müllvorbehandlung. Was jedoch auffällig ist, fast alle Jugendlichen haben ein Smartphone in der Hand und Kopfhörer in den Ohren.

Das Mittagessen im „La Saigonnaise“ am Pointe Nord, dem nördlichsten Punkt der Altstadtinsel ist äußerst lecker. Zurück spazieren wir am Ufer entlang. Hier haben auch die Boote Kennzeichen… Unser Taxifahrer von der Hinfahrt findet uns wieder und lässt sich das Geschäft nicht entgehen. Den letzten Abend verbringen wir wieder gemeinsam mit Freunden in der Zebrabar.

Tag 24 (17. Januar 2017) - Dakar Airport

Senegal, Zebrabar

Nach dem Aufstehen gegen 08:00 Uhr beginnen wir damit, die restlichen Sachen in Duffelbag und Rucksack zu verstauen. Wenn man von +28 Grad Richtung -4 Grad fliegt, will das beim Packen wohlüberlegt sein. Unser Großraumtaxi kommt erst um 18:00 Uhr, aber bis 12:00 Uhr müssen wir unseren gemütlichen Bungalow geräumt haben. Unser Wegweiser, der uns über 6500 km begleitet hat, findet im Aufenthaltsraum der Zebrabar seinen Platz. Am Nachmittag wird es tatsächlich etwas kühler. Nach dem Mittagessen lege ich mich in die Hängematte und höre ein wenig Hörbuch. Gegen 17:00 Uhr kommt unser Taxi nach Dakar. Nora setzt sich schon einmal ins Auto und will unbedingt mit nach Deutschland. Die Kleinbusbesatzung Frank, Julia, Hermann, Uwe, Sabine, Bodo und Fabian können sie aber dann doch überzeugen, in der Zebrabar bei ihren Adoptiveltern Martin und Ursula zu bleiben.

Wir lassen uns noch ein paar leckere Baguettes zubereiten und bezahlen unsere Rechnung für die vier Tage in der Zebrabar. Uiuiui, wir haben es uns richtig gut gehen lassen.

Die Taxifahrt zum Flughafen in Dakar wird nur von einer kurzen P-Pause am Straßenrand in stockdunkler, afrikanischer Nacht unterbrochen. Kurz nach 22:00 Uhr erreichen wir den Flughafen. Nach einem spartanischen nächtlichen Imbiss auf dem Vorplatz des Flughafens begeben wir uns zum Check-in und der nachfolgenden Sicherheitskontrolle. Wir verabschieden uns von Bodo & Bine, die nach München fliegen. Dann ist Warten angesagt und es erfolgt eine nochmalige Sicherheitskontrolle des Handgepäcks. Um 03:05 Uhr hebt der Airbus der portugiesischen Fluglinie TAP schließlich pünktlich Richtung Lissabon ab.

Tag 25 (18. Januar 2017) - Rückflug

Flug Dakar bis Hamburg mit 10 h Aufenthalt in Lissabon

Gegen 07:00 Uhr landen wir pünktlich in Lissabon, das uns mit sehr frischen 8 Grad empfängt. Oder kommt es uns nach den angenehm warmen Tagen im Senegal nur so kalt vor? Gut, dass wir uns in Lissabon ein wenig auskennen. Ich war im März mit Ariane hier und Fabian hat mit seiner Meike im Mai Lissabon besucht. Wir kaufen uns ein Tagesticket für den Nahverkehr und fahren mit der Metro bis zum zentralen Rossioplatz. Von dort aus gehen wir zu Fuß weiter und suchen uns in einer Nebengasse ein gemütliches kleines Frühstückscafé mit WLAN. Nach zwei Kaffee, Rührei mit weißen Bohnen und Baguettes und ausgiebigem Mail-Check gehen wir zu Fuß bis zu einer Haltestelle der berühmten Tram Nr. 28. Wir fahren ein Stück die Alfama hoch, um dann in der legendären „Rua Das Escolas Gerais" die „Charcutaria Cafeteria" aufzusuchen. Dort schauen wir bei Pasteten und Kaffee der Tram Nr. 28 beim um die Ecke biegen zu. Dieses Café ziert als Motiv nämlich zahlreiche Souvenirs von Lissabon.

Oben auf dem Miradouru sitzt wieder der einsame Gitarrenspieler, der bei seinem Spiel immer ein Lissboa durch die Zähne haucht. Bei meinem ersten Lissabon-Besuch im März 2016 war er mir ein willkommenes Videomotiv. Heute im Januar 2017 bei ca. 9 Grad und kaltem Wind kommen wir mit ihm ins Gespräch und es stellt sich heraus, dass er Deutscher ist und aus Freiburg stammt. Er verdient sich hier mit Straßenmusik seinen Lebensunterhalt. Ich kaufe ihm für fünf Euro eine CD mit seiner Musik ab. Vielleicht kann ich ja damit mal ein Video vertonen.

Um 18:20 Uhr geht es auf die letzte Etappe von Lissabon nach Hamburg. Um 22:40 Uhr landen wir pünktlich in Fuhlsbüttel, wo uns Fabians Tochter Merle bereits erwartet. Herzlichen Dank dafür! Zum Glück konnten wir im nur zu einem Drittel gefüllten Airbus etwas schlafen. Nach zügiger Gepäckausgabe geht es im Auto

Richtung Heimat und nach nur einer P-Pause mit Fahrerwechsel ist die Reise um 01:40 Uhr endgültig zu Ende.

Die Reise ist zu Ende

Fabian: Was bleibt? Wir sind ohne jegliche Panne mit unserer „Blauen Else" 6.737 km gefahren und haben mindestens ebenso viele Eindrücke gewonnen. Wir haben nur 7 Liter Diesel auf 100 km verbraucht und durchschnittlich 1,00 €/ Liter bezahlt. Insgesamt haben wir fast 7.200 km zurückgelegt, wenn man die Fahrten in Taxis, Kleinbus, Reisebus und S-Bahn mitzählt. Die Tour durch 7 Länder war ein großes Erlebnis, über die vielen Höhepunkte hat Lutz ja ausführlich und mit vielen Bildern berichtet. Die Kombination einer langen Autotour mit einem guten Zweck macht die „Dust and Diesel"-Rallye aus. Wir waren eine richtig gute Truppe und haben neue Freunde gewonnen. Und die stufenweise Steigerung der Schwierigkeiten, seien es die Straßenverhältnisse, die „Wüstenfahrschule", die Grenzübertritte oder die zunehmend ärmlicheren Bedingungen wirkten wie eine wohldosierte Dramaturgie. Der Florian kann schon was! Dankeschön auch an Gerit, die gemeinsam mit Florian unseren „Lindwurm" sicher ans Ziel brachte. (Bei den 100 m Abstand, die wir in der Wüste immer einhalten sollen, waren wir ja immerhin 3 km lang).

Die problemlose Fahrt haben wir sicher nicht zuletzt unserem Werner zu verdanken, der die „Blaue Else" so richtig auf Vordermann gebracht hat und natürlich Eiko, der mit der technisch perfekten Höherlegung erst die Voraussetzung für die spannendsten Etappen gelegt hat. Unglaublich, was mit einem so vorbereiteten Mercedes in der Wüste möglich ist. Das Ziel der Reise, mit dem Verkauf der Autos den Betrieb des Kinderhauses in Nouadhibou weiterhin zu ermöglichen, hat die Erwartungen mehr als erfüllt. 25.945 € wurden erzielt und 950 € haben wir mit dem Verkauf unser „Blauen Else" dazu beigetragen. Dank unserer privaten Sponsoren konnten wir weitere 666 € an die AEPN Mauretanienhilfe überweisen. Ein ausführlicher Videoabend, den Lutz nach der Reise für seine Kollegen veranstaltete, erbrachte zusätzlich einen Erlös von 475 €. An dieser Stelle noch einmal ganz Herzlichen Dank dafür! Der Besuch im Kinderhaus hat uns sehr deutlich gemacht, dass dieses Geld sinnvoll angelegt ist. Die Arbeit von Marie-Ange und ihrer Mitarbeiter macht Hoffnung, dass den Kindern, die das Kinderhaus besuchen können, eine Perspektive gegeben wird. Dieser Tag mit den Kindern ist wohl das Erlebnis, das uns am meisten bewegt hat und noch lange in Erinnerung bleiben wird.

Unsere Garantie gegenüber unseren Sponsoren, dass die gespendeten Gelder auch direkt ihr Ziel erreichen, konnten wir einhalten - wir haben sie schließlich selbst hingefahren.

Printed in Germany
by Amazon Distribution
GmbH, Leipzig